Contents

		CD TWO	
		Recitation	Lesson
Franz Schubert			
39	An die Musik	15	16
40	Auf dem Wasser zu singen	17	18
41	Der Musensohn	19	20
43	Die Forelle	21	22
44	Du bist die Ruh	23	24
46	Gretchen am Spinnrade	25	26
48	Lachen und Weinen	27	28
48	Nacht und Träume	29	30
49	Rastlose Liebe	31	32
51	Ständchen (from *Schwanengesang*)	33	34
		CD THREE	
		Recitation	Lesson
Clara Wieck Schumann			
52	Liebst du um Schönheit	1	2
Robert Schumann			
53	Der Nussbaum	3	4
54	Die Lotosblume	5	6
55	Du bist wie eine Blume	7	8
55	Du Ring an meinem Finger	9	10
56	Ich grolle nicht	11	12
57	In der Fremde	13	14
58	Intermezzo	15	16
58	Waldesgespräch	17	18
59	Widmung	19	20
Richard Strauss			
61	Allerseelen	21	22
62	Breit' über mein Haupt	23	24
62	Die Nacht	25	26
63	Du meines Herzens Krönelein	27	28
64	Ich trage meine Minne	29	30
65	Morgen!	31	32
66	Zueignung	33	34
Hugo Wolf			
67	Anakreons Grab	35	36
68	Auch kleine Dinge	37	38
68	Auf ein altes Bild	39	40
69	Der Musikant	41	42
70	In dem Schatten meiner Locken	43	44
71	Lebe wohl	45	46
72	Verborgenheit	47	48

4

TABLE
of the International Phonetic Alphabet (IPA) symbols

for the pronunciation of German in singing
used in this Diction Guide

The Vowels

symbol	equivalent in English	description
[ɑː]	as in "f<u>a</u>ther"	long (or "dark") "a"
[a]	similar to the first element in "<u>i</u>ce"	short (or "bright") "a"
[eː]	no equivalent; similar to the first element in "g<u>a</u>te"	long and closed "e" : [iː] in the [ɛ] position
[e]	as in "g<u>a</u>te," but	short and closed "e" when in *articles*
[ɛ]	as in "b<u>e</u>t"	short and open "e"
[ɛː]	as in the first element of "m<u>ay</u>"	long sound of "ä"
[ə]	approximately as in "<u>a</u>pprove"	neutral sound (the "schwa"): slightly darker than [ɛ]; appears only in unstressed syllables
[ʁ]	no equivalent	a variant of [ə], in place of the flipped "r"; to be used judiciously at the end of words such as "der," "mir," and etc., depending on the musical setting*
[iː]	as in "f<u>ee</u>t"	long and closed "i"
[i]	as in "f<u>ee</u>t," but	short and closed when in *articles*
[ɪ]	as in "b<u>i</u>t"	short and open "i"
[oː]	no equivalent; approximately as in "b<u>oa</u>t	long and closed "o"
[o]	as in "b<u>oa</u>t," but	short and closed in some words
[ɔ]	as in "<u>ou</u>ght"	short and open "o"
[uː]	as in "bl<u>ue</u>"	long and closed "u"
[ʊ]	as in "p<u>u</u>t"	short and open "u"
[u]	as in "bl<u>ue</u>," but	short and closed in some words
[yː]	no equivalent	"y" or "ü" : long and closed; [iː] with the lips rounded
[ʏ]	no equivalent	"y" : short and open; [ɪ] with the lips rounded
[øː]	no equivalent	"ö" : long and closed; [eː] with the lips rounded
[œ]	as in "g<u>i</u>rl" without the "rl"	"ö" : short and open; [ɛ] with the lips rounded

*While recommended use is reflected in these transliterations, the singer is always "correct" to use the flipped "r."

The Diphthongs

[ɑo]	similar to "h<u>ou</u>se" in English
[ae]	similar to "m<u>i</u>ne" in English
[ɔø]	similar to "h<u>oi</u>st" in English

Diphthongs are transliterated with a slur over them (example: a͡o)

International Phonetic Alphabet and
3 CDs of Recorded Diction Lessons

Pronunciation Guide for The Lieder Anthology

Martha Gerhart,
Translations and International Phonetic Alphabet

Irene Spiegelman, Diction Coach

companions to this edition in The Vocal Library:

HL00740219, The Lieder Anthology, High Voice
HL00740220, The Lieder Anthology, Low Voice
edited by Virginia Saya and Richard Walters

Cover painting: Caspar David Friedrich, *The Chalk Cliffs of Rügen*, c. 1820

ISBN 978-1-4234-1302-8

HAL•LEONARD®
CORPORATION
7777 W. BLUEMOUND RD. P.O. BOX 13819 MILWAUKEE, WI 53213

Visit Hal Leonard Online at
www.halleonard.com

In Australia Contact:
Hal Leonard Australia Pty. Ltd.
4 Lentara Court
Cheltenham, Victoria, 3192 Australia
Email: **ausadmin@halleonard.com.au**

Contents

4   IPA Symbols for German Diction in Singing
6   About the Artists
7   About the Diction Recordings

CD ONE

		Recitation	Lesson
Ludwig van Beethoven			
9	Der Kuss	1	2
9	Ich liebe dich	3	4
10	Sehnsucht	5	6
Johannes Brahms			
11	Dein blaues Auge	7	8
12	Die Mainacht	9	10
13	Immer leiser wird mein Schlummer	11	12
14	Meine Liebe ist grün	13	14
14	Sonntag	15	16
15	Ständchen	17	18
16	Vergebliches Ständchen	19	20
17	Wie Melodien zieht es mir	21	22
18	*Ophelia Lieder*		
18	Wie erkenn' ich dein Treulieb	23	24
19	Sein Leichenhemd weiß	25	26
19	Auf morgen ist Sankt Valentins Tag	27	28
20	Sie trugen ihn auf der Bahre bloß	29	30
21	Und kommt er nicht mehr zurück?	31	32
Robert Franz			
22	Aus meinen großen Schmerzen	33	34
22	Er ist gekommen	35	36
23	Für Musik	37	38
24	Im Herbst	39	40
Gustav Mahler			
25	Frühlingsmorgen	41	42
26	Liebst du um Schönheit	43	44
27	Lob des hohen Verstandes	45	46
29	Wer hat dies Liedlein erdacht?	47	48

CD TWO

		Recitation	Lesson
Alma Schindler Mahler			
30	Laue Sommernacht	1	2
Fanny Mendelssohn Hensel			
31	Italien	3	4
Felix Mendelssohn			
33	Der Blumenstrauß	5	6
34	Neue Liebe	7	8
Wolfgang Amadeus Mozart			
35	Abendempfindung	9	10
37	Als Luise die Briefe ihres ungetreuen Liebhabers verbrannte	11	12
38	Das Veilchen	13	14

The Consonants

[b]	bad	becomes unvoiced [p] at the end of a word or word element
[d]	door	becomes unvoiced [t] at the end of a word or word element
[f]	fine	also the sound of "v" in some words
[g]	go	becomes unvoiced [k] at the end of a word or word element
[ʒ]	vision	also the sound of initial "j" in words of French origin
[h]	hand	pronounced at the beginning of a word or word element
[j]	yes	except when pronounced [ʒ] (see above)
[k]	kite	also the sound of "g" at the end of a word or word element
[l]	lit	
[m]	mine	
[n]	no	
[ŋ]	sing	
[p]	pass	see also [b], above
[r]	no equivalent	flipped (or occasionally rolled, for dramatic reasons) "r" *
[s]	sing	before a consonant (except for the initial combinations "sp" and "st") and at the end of a word or word element; also the sound of "ß," called the "Eszett," recently declared antiquated in German spelling.
[ʃ]	shoe	in the single element "sch"; also in the combination [tʃ], pronounced as in cheese
[t]	tip	see also [d], above
[v]	vase, or feel	depending on various word origins
[w]	vet	
[z]	bits	but pronounced as [z] when before a vowel and in some other circumstances; also, the sound of "s" in many words
[ç]	no equivalent	the "ich laut": following a "front vowel" or a consonant
[χ]	no equivalent	the "ach laut": following a "back vowel"

*The "uvular 'r'" used in German conversation and popular song is not appropriate in classical art song and opera.

Diacritical Marks

[:]	following a vowel =	that vowel is long
[']	preceding a syllable =	the following syllable has the primary stress
[ˌ]	preceding a syllable =	the following syllable has the secondary stress

The transliterations provided in this Guide do not include diacritical markings to indicate a recommended "glottal stroke" – a new "attack" of articulation on the following vowel – which are provided in some sources by the symbol [|].

(example with the diacritical marking: ganz allein = [gants la ˈlaen])

Many instances of the need for a "glottal stroke" will be obvious to the singer, guided by coaches and teachers; other instances are variable, and the practice should not be overdone.

As an additional aid for the user, syllables are separated by spaces in the IPA transliterations.

—Martha Gerhart

About the Artists

Martha Gerhart relocated to Dallas, Texas in 1997, following a prestigious career as a coach/pianist based in New York City, to teach at Southern Methodist University. At S.M.U. she coaches and teaches Diction for Singers. In demand from both students and professionals in the Dallas-Fort Worth area at her private coaching studio in Dallas, she has been on the music staffs of companies including the New York City Opera, the San Francisco Opera, Spoleto Festival Opera, and The Dallas Opera. She has also presented master classes at venues including the Pittsburgh Opera Studio, Glimmerglass Opera, OperaWorks (Los Angeles), and the Texoma Regional NATS Convention. In addition to her translating and IPA transliterating contributions to G. Schirmer's *Opera Anthology* series and other publications, she is the author of *Italian song texts from the 17th through the 20th centuries*, in three volumes, published by Leyerle Publications.

Born in Germany, raised and educated in West Berlin, **Irene Spiegelman** earned undergraduate and graduate degrees in English literature, drama, and pedagogy. She moved to the US in 1975 and later earned a Ph.D. from New York University specializing in 19th century German literature.

Spiegelman is the German coach at the Metropolitan Opera, a position she has held since 1977. She also teaches and coaches German for the Met's Lindemann Young Artist Development Program. She edited the German titles for the new multi-lingual Met Titles, which were introduced in the 2006–07 season.

Specializing in interpretation, diction, and spoken dialogues, she is a private coach for many renowned opera singers. Spiegelman has also coached for the New York Philharmonic and Wolf Trap Opera. She assisted in opera recordings for Sony Classical, Decca, and Deutsche Grammophon. Since 2004, she has been invited to the Marlboro Summer Music Festival to work on the lieder repertoire of promising young singers.

About the Diction Recordings

Veteran diction coach Irene Spiegelman is a native German speaker whose specialty is working with classical singers, particularly at the Metropolitan Opera. This book/CD package allows a student access to German diction coaching at the highest level.

There are two recordings of each song text. First, the coach recites the poem. A singer can hear the mood of the text and the flow of the language. It is important to remember that this poem is what inspired the composer to write an art song setting. Spoken diction is used in the recitation, including the guttural "R" sound in German. However, even in the recitation the coach is aware of how the words were set to music.

Next, the coach has recorded the text line-by-line, without expression, leaving time for the repetition of each phrase. In this slow version the guttural "R" sound has been adapted to the flipped "R" recommended for classical singers. Other small adjustments have been made relevant to the manner in which the words are set to music.

To achieve the best artistic results, it is crucial that the singer spends time with the poem apart from singing it, not only mastering diction to the point of fluency, but also in contemplating the words and learning to express their meanings. Is there an implied character speaking the poem? Only after a singer has pondered the words can she or he appreciate and discern how the composer interpreted the poetry, which is the heart of what art song is.

Richard Walters
editor

Der Kuss

music: Ludwig van Beethoven
text: Christian Felix Weisse

de:ʁ   kʊs
Der   **Kuss**
the   kiss

ɪç   va:r   bae   ˈklo: ən   gants   a ˈlaen
Ich   **war**   **bei**   **Chloen**   **ganz**   **allein,**
I   was   with   Chloe   all   alone

ʊnt   ˈkʏ sən   vɔlt   ɪç   zi:
und   **küssen**   **wollt'**   **ich**   **sie:**
and   to kiss   I wanted   I   her

je ˈdɔχ   zi: ʃpra:χ
jedoch   **sie**   **sprach,**
however   she   said

zi: ˈvʏr də   ʃraen
sie   **würde**   **schrei'n,**
she   would   scream

ɛs   zae   fɛʁ ˈge:b nə   my:
es   **sei**   **vergebne**   **Müh'.**
it   would be   futile   effort

ɪç   vakt   ɛs   dɔχ   ʊnt   ˈkʏ stə   zi:
Ich   **wagt'**   **es**   **doch**   **und**   **küsste**   **sie,**
I   dared   it   nevertheless   and   kissed   her

trɔts   ˈi: rəʁ   ˈge: gən ˌve:r
trotz   **ihrer**   **Gegenwehr.**
despite   her   resistance

ʊnt   ʃri: zi: nɪçt
Und   **schrie**   **sie**   **nicht?**
and   screamed   she   not

ja: vo:l   zi: ʃri:
Ja   **wohl,**   **sie**   **schrie,**
yes   indeed   she   screamed

dɔχ   ˈla ŋə   ˈhɪn təʁ he:r
doch   **lange**   **hinter her.**
but   long   afterwards

Ich liebe dich

music: Ludwig van Beethoven
text: K. F. Herrosee

ɪç   ˈli: bə   dɪç   zo: vi: du: mɪç
Ich   **liebe**   **dich,**   **so**   **wie**   **du**   **mich,**
I   love   you   as   how   you   [love] me

am   ˈa: bənt   ʊnt   am   ˈmɔr gən
am   **Abend**   **und**   **am**   **Morgen,**
in the   evening   and   in the   morning

nɔχ   wa:r   kaen   ta:k   wo: du: ʊnt   ɪç
noch   **war**   **kein**   **Tag,**   **wo**   **du**   **und**   **ich**
yet   was   no   day   when   you   and   I

nıçt	ˈtaͤel tən	ˈʊn zrə	ˈzɔr gən
nicht	**teilten**	**uns're**	**Sorgen.**
not	shared	our	troubles

aoχ	ˈvɑː rən	ziː	fyːʁ	dıç	ʊnt	mıç
Auch	**waren**	**sie**	**für**	**dich**	**und**	**mich**
also	were	they	for	you	and	me

gə ˈtaͤelt	laͤeçt	tsuː	ɛʁ ˈtrɑː gən
geteilt	**leicht**	**zu**	**ertragen;**
shared	easily	for	to bear

duː	ˈtrøː stə təst	ɪm	ˈkʊ məʁ	mıç
du	**tröstetest**	**im**	**Kummer**	**mich,**
you	comforted	in the	sorrow	me

ıç	vaͤent	ɪn	ˈdaͤe nə	ˈklɑː gən
ich	**weint**	**in**	**deine**	**Klagen.**
I	wept	at	your	lamenting

drʊm	ˈgɔ təs	ˈzeː gən	ˈyː bəʁ	diːʁ
Drum	**Gottes**	**Segen**	**über**	**dir,**
therefore	of God	blessing	upon	you

duː	ˈmaͤe nəs	ˈleː bəns	ˈfrɔͦø də
du	**meines**	**Lebens**	**Freude.**
you	of my	life	joy

gɔt	ˈʃʏt sə	dıç	ɛʁ ˈhalt	dıç	miːʁ
Gott	**schütze**	**dich,**	**erhalt'**	**dich**	**mir,**
God	may protect	you	keep	you	for me

ʃʏts	ʊnt	ɛʁ ˈhalt	ʊns	ˈbaͤe də
schütz'	**und**	**erhalt'**	**uns**	**beide.**
protect	and	keep	us	both

Sehnsucht
music: Ludwig van Beethoven
text: Johann Wolfgang von Goethe

ˈzeːn zʊχt
Sehnsucht
longing

nuːʁ	veːʁ	diː	ˈzeːn zʊχt	kɛnt
Nur	**wer**	**die**	**Sehnsucht**	**kennt**
only	one who	the	longing	knows

vaͤes	vas	ıç	ˈlaͤe də
weiß,	**was**	**ich**	**leide!**
knows	what	I	suffer

a ˈlaͤen	ʊnt	ˈap gə ˌtrɛnt
Allein	**und**	**abgetrennt**
alone	and	separated

fɔn	ˈa ləʁ	ˈfrɔͦø də
von	**aller**	**Freude,**
from	all	joy

zeː	ıç	ans	fɪr ma ˈmɛnt
seh'	**ich**	**ans**	**Firmament**
look	I	to the	firmament

nɑːχ	ˈjeː nəʁ	ˈzaͤe tə
nach	**jener**	**Seite.**
toward	that	(other) side

aχ   deːʁ   mɪç   liːpt   ʊnt   kɛnt
Ach! **der** **mich** **liebt** **und** **kennt**
Ah   he who   me   loves   and   knows

ɪst   ɪn   deːʁ   ˈvaͤ tə
ist **in** **der** **Weite.**
is   in   the   distance

ɛs   ˈʃvɪn dəlt   miːʁ   ɛs   brɛnt
Es **schwindelt** **mir,** **es** **brennt**
it   makes dizzy   to me   it   burns

maͤn   aͤn gə ˈvaͤ də
mein **Eingeweide.**
my   guts

nuːʁ   veːʁ   diː   ˈzeːn zʊχt   kɛnt
Nur **wer** **die** **Sehnsucht** **kennt**
only   one who   the   longing   knows

vaͤs   vas   ɪç   ˈlaͤ də
weiß, **was** **ich** **leide!**
knows   what   I   suffer

Dein blaues Auge
music: Johannes Brahms
text: Klaus Johann Groth

daͤn   ˈblaͦ əs   ˈaͦ gə   hɛlt   zoː   ʃtɪl
Dein **blaues** **Auge** **hält** **so** **still,**
your   blue   eye   holds   so   still

ɪç   ˈblɪ kə   bɪs   tsʊm   grʊnt
ich **blicke** **bis** **zum** **Grund.**
I   look   as far as   to the   ground

du   fraːkst   mɪç   vas   ɪç   ˈzeː ən   vɪl
Du **fragst** **mich,** **was** **ich** **sehen** **will?**
you   ask   me   what   I   to see   want

ɪç   ˈzeː ə   mɪç   gə ˈzʊnt
Ich **sehe** **mich** **gesund.**
I   see   myself   healthy

ɛs   ˈbran tə   mɪç   aͤn   ˈglyː ənt   paːr
Es **brannte** **mich** **ein** **glühend** **Paar,**
it   burned   me   a   glowing   pair

nɔχ   ʃmɛrtst   das   ˈnaːχ gə ˌfyːl
noch **schmerzt** **das** **Nachgefühl:**
still   hurts   the   after-feeling

das   ˈdaͤ nə   ɪst   viː   zeː   zoː   klaːr
das **deine** **ist** **wie** **See** **so** **klar**
the   yours   is   like   lake   so   clear

ʊnt   viː   aͤn   zeː   zoː   kyːl
und **wie** **ein** **See** **so** **kühl.**
and   like   a   lake   so   cool

Die Mainacht

music: Johannes Brahms
text: Ludwig Heinrich Christoph Hölty

di	'mae naχt
Die	**Mainacht**
the	May night

van	de:ʁ	'zil bər nə	mo:nt	dʊrç	di:	gə 'ʃtrɔ̄ø çə	blıŋkt
Wann	**der**	**silberne**	**Mond**	**durch**	**die**	**Gesträuche**	**blinkt**
when	the	silvery	moon	through	the	shrubbery	gleams

ʊnt	zaēn	'ʃlʊ mərn dəs	lıçt	'y: bəʁ	den	'ra: zən	ʃtrɔøt
und	**sein**	**schlummerndes**	**Licht**	**über**	**den**	**Rasen**	**streut,**
and	its	slumbering	light	over	the	lawn	scatters

ʊnt	di:	'naχ tı gal	'flø tət
und	**die**	**Nachtigall**	**flötet,**
and	the	nightingale	plays the flute [*poet.*: warbles]

van dlıç	'traō rıç	fɔn	bʊʃ	tsu	bʊʃ
wandl' ich	**traurig**	**von**	**Busch**	**zu**	**Busch.**
roam I	sad	from	bush	to	bush

'y: bəʁ ˌhʏ lət	fɔm	laōp	'gı rət	aēn	'taō bən ˌpa:r
Überhüllet	**vom**	**Laub**	**girret**	**ein**	**Taubenpaar**
enveloped	by the	foliage	coos	a	pair of doves

zaēn	ɛnt 'tsʏ kən	mi:ʁ	fo:ʁ	'a: bəʁ	ıç	'vɛn də mıç
sein	**Entzücken**	**mir**	**vor;**	**aber**	**ich**	**wende mich,**
its	delight	to me	in front of	but	I	turn myself away

'zu: χə	'dʊŋ klə rə	'ʃa tən
suche	**dunklere**	**Schatten,**
I seek	darker	shadows

ʊnt	di:	'aēn za: mə	'trɛ: nə	rınt
und	**die**	**einsame**	**Träne**	**rinnt.**
and	the	lonely	tear	flows

van	o:	'lɛ çəln dəs	bılt	'vɛl çəs	vi:	'mɔr gən ˌro:t
Wann,	**o**	**lächelndes**	**Bild,**	**welches**	**wie**	**Morgenrot**
when	o	smiling	image	which	like	sunrise

dʊrç	di:	'ze: lə	mi:ʁ	ʃtra:lt	fın dıç	aōf	'e:r dən	dıç
durch	**die**	**Seele**	**mir**	**strahlt,**	**find ich**	**auf**	**Erden**	**dich?**
through	the	soul	to me	shines	find I	on	earth	you

ʊnt	di:	'aēn za: mə	'trɛ: nə
und	**die**	**einsame**	**Träne**
and	the	lonely	tear

be:pt	mi:ʁ	'haē səʁ	di:	vaŋ	hɛ 'rap
bebt	**mir**	**heißer**	**die**	**Wang**	**herab.**
trembles	to me	hotter	the	cheek	downward

Immer leiser wird mein Schlummer

music: Johannes Brahms
text: Hermann von Lingg

ˈɪ məʁ	ˈlae̯ zəʁ	vɪrt	mae̯n	ˈʃlʊ məʁ
Immer	**leiser**	**wird**	**mein**	**Schlummer,**
ever	gentler	becomes	my	slumber

nuːʁ	wiː	ˈʃlae̯ əʁ	liːkt	mae̯n	ˈkʊ məʁ
nur	**wie**	**Schleier**	**liegt**	**mein**	**Kummer,**
only	like	veil	lies	my	grief

ˈtsɪ tərnt	ˈyː bəʁ	miːʁ
zitternd	**über**	**mir.**
trembling	above	me

ɔft	ɪm	ˈtrao̯ mə	høːr	ɪç	dɪç
Oft	**im**	**Traume**	**hör**	**ich**	**dich**
often	in the	dream	hear	I	you

ˈruː fən	drao̯s	foːʁ	ˈmae̯ nər	tyːʁ
rufen	**draus**	**vor**	**meiner**	**Tür,**
to call	thence	in front of	my	door

ˈniː mant	vaχt	ʊnt	ˈœf nət	diːʁ
niemand	**wacht**	**und**	**öffnet**	**dir,**
no one	wakes	and	opens	for you

ɪç	ɛʁ ˈvaχ	ʊnt	ˈvae̯ nə	ˈbɪ təʁ lɪç
ich	**erwach**	**und**	**weine**	**bitterlich.**
I	awake	and	I weep	bitterly

jɑː	ɪç	ˈveːr də	ˈʃtɛr bən	ˈmʏ sən
Ja,	**ich**	**werde**	**sterben**	**müssen,**
yes	I	I shall	to die	have (to)

ˈae̯ nə	ˈan drə	vɪrst	duː	ˈkʏ sən
eine	**andre**	**wirst**	**du**	**küssen,**
an	other (woman)	will	you	kiss

vɛn	ɪç	blae̯ç	ʊnt	kalt
wenn	**ich**	**bleich**	**und**	**kalt.**
when	I (am)	pale	and	cold

eː	diː	ˈmae̯ ən ˌlʏf tə	veːn
Eh	**die**	**Maienlüfte**	**wehn,**
before	the	May breezes	blow

eː	diː	ˈdrɔ səl	zɪŋkt	ɪm	valt
eh	**die**	**Drossel**	**singt**	**im**	**Wald:**
before	the	thrush	sings	in the	forest

vɪlst	duː	mɪç	nɔχ	ˈae̯n mɑːl	zeːn
willst	**du**	**mich**	**noch**	**einmal**	**sehn,**
want	you	me	still	one time	to see

kɔm	oː	ˈkɔ mə	balt
Komm,	**o**	**komme**	**bald!**
come	o	come	soon

14

Meine Liebe ist grün

music: Johannes Brahms
text: Felix Schumann

ˈmae̯ nə	ˈliː bə	ɪst	gryːn	viː	deːʁ	ˈfliː dəʁ ˌbuʃ
Meine	**Liebe**	**ist**	**grün**	**wie**	**der**	**Fliederbusch,**
my	love	is	green	like	the	lilac bush

ʊnt	mae̯n	liːp	ɪst	ʃøːn	viː	di:	ˈzɔ nə
und	**mein**	**Lieb**	**ist**	**schön**	**wie**	**die**	**Sonne;**
and	my	love	is	beautiful	like	the	sun

diː	glentst	voːl	hɛ ˈrap	ao̯f	den	ˈfliː dəʁ ˌbuʃ
die	**glänzt**	**wohl**	**herab**	**auf**	**den**	**Fliederbusch**
it	shines	indeed	downwards	upon	the	lilac bush

ʊnt	fʏlt	iːn	mɪt	dʊft	ʊnt	mɪt	ˈvɔ nə
und	**füllt**	**ihn**	**mit**	**Duft**	**und**	**mit**	**Wonne.**
and	fills	it	with	fragrance	and	with	rapture

ˈmae̯ nə	ˈzeː lə	hat	ˈʃvɪ ŋən	deːʁ	ˈnaχ tɪ gal
Meine	**Seele**	**hat**	**Schwingen**	**der**	**Nachtigall**
my	soul	has	wings	of the	nightingale

ʊnt	viːkt	zɪç	ɪn	ˈblyː ən dəm	ˈfliː dəʁ
und	**wiegt**	**sich**	**in**	**blühendem**	**Flieder,**
and	rocks	itself	in	blossoming	lilac

ʊnt	ˈjao̯χ tsət	ʊnt	ˈzɪ ŋət	fɔm	dʊft	bə ˈrao̯ʃt
und	**jauchzet**	**und**	**singet**	**vom**	**Duft**	**berauscht**
and	exults	and	sings	from the	fragrance	intoxicated

fiːl	ˈliː bəs ˌtrʊŋ kə nə	ˈliː dəʁ
viel	**liebestrunkene**	**Lieder.**
many	drunk with love	songs

Sonntag

music: Johannes Brahms
text: Anonymous Folksong Text

ˈzɔn taːk
Sonntag
Sunday

zoː	haː bɪç	dɔχ	diː	ˈgan tsə	ˈvɔ χə
So	**hab ich**	**doch**	**die**	**ganze**	**Woche**
thus	have I	yet	the	whole	week

mae̯n	ˈfae̯ nəs	ˈliːp çən	nɪçt	gə ˈzeːn
mein	**feines**	**Liebchen**	**nicht**	**gesehn,**
my	beautiful	sweetheart	not	seen

ɪç	zaː	ɛs	an	ˈae̯ nəm	ˈzɔn taːk
ich	**sah**	**es**	**an**	**einem**	**Sonntag**
I	saw	her	on	a	Sunday

voːl	foːʁ	deːʁ	ˈtyː rə	ʃteːn
wohl	**vor**	**der**	**Türe**	**stehn:**
indeed	in front of	the	door	to stand

das	ˈtao̯ zənt ˌʃøː nə	ˈjuŋ ˌfrøø laen
das	**tausendschöne**	**Jungfräulein,**
the	thousandfold beautiful	young lady

das	ˈtao̯ zənt ˌʃøː nə	ˈhɛr tsə laen
das	**tausendschöne**	**Herzelein,**
the	thousandfold beautiful	dear heart

'vɔl tə   gɔt   ıç   wɛːr   'hɔø͡ tə   ba͡e   iːʁ
wollte   Gott,   ich   wär   heute   bei   ihr!
would   God   I   were   today   with   her

zoː   vɪl   miːʁ   dɔχ   diː   'gan tsə   'vɔ χə
So   will   mir   doch   die   ganze   Woche
so   will   for me   then   the   whole   week

das   'la χən   nıçt   fɛʁ 'geːn
das   Lachen   nicht   vergehn,
the   laughter   not   subside

ıç   zɑː   ɛs   an   'a͡e nəm   'zɔn tɑːk
ich   sah   es   an   einem   Sonntag
I   saw   her   on   a   Sunday

voːl   ın   diː   'kır çə   geːn
wohl   in   die   Kirche   gehn:
indeed   into   the   church   to go

das   'ta͡o zənt ˌʃøː nə   'jʊŋ ˌfrɔø la͡en
das   tausendschöne   Jungfräulein,
the   thousandfold beautiful   young lady

das   'ta͡o zənt ˌʃøː nə   'hɛr tsə la͡en
das   tausendschöne   Herzelein,
the   thousandfold beautiful   dear heart

'vɔl tə   gɔt   ıç   wɛːr   'hɔø͡ tə   ba͡e   iːʁ
wollte   Gott,   ich   wär   heute   bei   ihr!
would   God   I   were   today   with   her

Ständchen

music: Johannes Brahms
text: Franz Kugler

'ʃtɛnt çən
Ständchen
Serenade

deːʁ   moːnt   ʃteːt   'yː bəʁ   dem   'bɛr gə
Der   Mond   steht   über   dem   Berge,
the   moon   is situated   above   the   mountain

zoː   rɛçt   fyːʁ   fɛʁ 'liːp tə   lɔø͡t
so   recht   für   verliebte   Leut;
so   suitable   for   in love   people

ım   'gar tən   'riː zəlt   a͡en   'brʊ nən
im   Garten   rieselt   ein   Brunnen,
in the   garden   ripples   a   fountain

zɔnst   'ʃtı lə   va͡et   ʊnt   bra͡et
sonst   Stille   weit   und   breit.
otherwise   stillness   far   and   wide

'neː bən   deːʁ   'ma͡o ər   ım   'ʃa tən
Neben   der   Mauer   im   Schatten,
next to   the   wall   in the   shadow

dɑː   ʃteːn   deːʁ   ʃtu 'dɛn tən   dra͡e
da   stehn   der   Studenten   drei
there   stand   of the   students   three

mıt   fløːt   ʊnt   ga͡ek   ʊnt   'tsı təʁ
mit   Flöt   und   Geig   und   Zither,
with   flute   and   violin   and   zither

ʊnt	ˈzɪ ŋən	ʊnt	ˈʃpiː lən	da ˈbae͡
und	**singen**	**und**	**spielen**	**dabei.**
and	they sing	and	they play	thereby

diː	ˈklɛ ŋə	ˈʃlae͡ çən	deːʁ	ˈʃøːn stən
Die	**Klänge**	**schleichen**	**der**	**Schönsten**
the	sounds	steal	to the	most beautiful one

zaχt	ɪn	den	trao͡m	hɪ ˈnae͡n
sacht	**in**	**den**	**Traum**	**hinein,**
softly	into	the	dream	inside

ziː	ʃao͡t	den	ˈblɔn dən	gə ˈliːp tən
sie	**schaut**	**den**	**blonden**	**Geliebten**
she	sees	the	blond	beloved one

ʊnt	ˈlɪ spəlt	fɛʁ ˈgɪs	nɪçt	mae͡n
und	**lispelt:**	**"Vergiss**	**nicht**	**mein!"**
and	whispers	forget	not	me

Vergebliches Ständchen

music: Johannes Brahms

text: Anton Wilhelm Florentin von Zuccalmaglio

fɛʁ ˈgeːp lɪ çəs	ˈʃtɛnt çən
Vergebliches	**Ständchen**
in vain	serenade

ˈguː tən	ˈɑː bənt	mae͡n	ʃats
Guten	**Abend,**	**mein**	**Schatz,**
good	evening	my	sweetheart

ˈguː tən	ˈɑː bənt	mae͡n	kɪnt
guten	**Abend,**	**mein**	**Kind!**
good	evening	my	child

ɪç	kɔm	ao͡s	liːp	tsuː	diːʁ
Ich	**komm**	**aus**	**Lieb**	**zu**	**dir,**
I	come	out of	love	for	you

aχ	maχ	miːr	ao͡f	diː	tyːʁ
ach,	**mach**	**mir**	**auf**	**die**	**Tür!**
ah	make	to me	open	the	door

mae͡n	tyːʁ	ɪst	fɛʁ ˈʃlɔ sən
Mein	**Tür**	**ist**	**verschlossen,**
my	door	is	locked

ɪç	las	dɪç	nɪçt	ae͡n
ich	**lass**	**dich**	**nicht**	**ein;**
I	let	you	not	in

ˈmʊ təʁ	diː	rɛːt	miːʁ	kluːk
Mutter,	**die**	**rät**	**mir**	**klug,**
mother	she	advises	to me	wise

vɛːrst	duː	hɛ ˈrae͡n	mɪt	fuːk
wärst	**du**	**herein**	**mit**	**Fug,**
were	you	in here	with	permission

vɛːrs	mɪt	miːʁ	voːr ˈbae͡
wärs	**mit**	**mir**	**vorbei!**
would it	with	me	over

zoː	kalt	ɪst	diː	naχt
So	**kalt**	**ist**	**die**	**Nacht,**
so	cold	is	the	night

zo ˈae zɪç deːʀ vɪnt
so **eisig** **der** **Wind,**
so icy the wind

das miːʀ das hɛrts ɛʀ ˈfriːrt
dass **mir** **das** **Herz** **erfriert,**
that for me the heart freezes

maen liːp ɛʀ ˈlœ ʃən vɪrt
mein **Lieb** **erlöschen** **wird,**
my love to be extinguished will

ˈœf nə miːʀ maen kɪnt
Öffne **mir,** **mein** **Kind!**
open to me my child

ˈlœ ʃət daen liːp
Löschet **dein** **Lieb,**
goes out your love

las ziː ˈlœ ʃən nuːʀ
lass **sie** **löschen** **nur!**
let it go out just

ˈlœ ʃət ziː ˈɪ məʀ tsuː
Löschet **sie** **immerzu,**
goes out it continually

geː haem tsuː bɛt tsuːʀ ruː
geh **heim** **zu** **Bett,** **zur** **Ruh,**
go home to bed to the rest

ˈguː tə naχt maen knaːp
Gute **Nacht,** **mein** **Knab!**
good night my lad

Wie Melodien zieht es mir
music: Johannes Brahms
text: Klaus Johann Groth

viː me lo ˈdi ən tsiːt ɛs
Wie **Melodien** **zieht** **es**
like melodies draws it

miːʀ ˈlae zə dʊrç den zɪn
mir **leise** **durch** **den** **Sinn,**
to me gently through the consciousness

vɪ ˈfryː lɪŋs ˌbluː mən blyːt ɛs
wie **Frühlingsblumen** **blüht** **es**
like flowers of spring blooms it

ʊnt ʃveːpt viː dʊft da ˈhɪn
und **schwebt** **wie** **Duft** **dahin.**
and hovers like fragrance thither

dɔχ kɔmt das vɔrt ʊnt fast ɛs
Doch **kommt** **das** **Wort** **und** **fasst** **es**
but comes the word and grasps it

ʊnt fyːrt ɛs foːʀ das aok
und **führt** **es** **vor** **das** **Aug,**
and leads it in front of the eye

viː ˈneː bəl ˌgrao ɛʀ ˈblast ɛs
wie **Nebelgrau** **erblasst** **es**
like misty grey becomes pale it

ʊnt	'ʃvɪn dət	vi:	aen	haoχ
und	**schwindet**	**wie**	**ein**	**Hauch.**
and	disappears	like	a	breath

ʊnt	'dɛ nɔχ	ru:t	ɪm	'rae mə
Und	**dennoch**	**ruht**	**im**	**Reime**
and	nevertheless	rests	in the	rhyme

fɛʁ 'bɔr gən	vo:l	aen	dʊft
verborgen	**wohl**	**ein**	**Duft,**
hidden	indeed	a	fragrance

de:n	mɪlt	aos	'ʃtɪ ləm	'kae mə
den	**mild**	**aus**	**stillem**	**Keime**
that	tenderly	from the	silent	bud

aen	'fɔøç təs	'ao gə	ru:ft
ein	**feuchtes**	**Auge**	**ruft.**
a	moist	eye	summons

OPHELIA LIEDER

o 'fe: li a	'li: dəʁ
Ophelia	**Lieder**
Ophelia	songs

I. Wie erkenn' ich dein Treulieb

music: Johannes Brahms
text: William Shakespeare
translation: August Wilhelm von Schlegel

I

vi:	ɛʁ 'kɛn	ɪç	daen	'trɔø li:p
Wie	**erkenn'**	**ich**	**dein**	**Treulieb**
how	distinguish	I	your	true love

fo:ʁ	den	'an dəʁn	nu:n
vor	**den**	**andern**	**nun?**
in preference to	the	others	now

an	dem	'mʊ ʃəl ˌhu:t	ʊnt	ʃta:p
An	**dem**	**Muschelhut**	**und**	**Stab**
by	the	shell (shaped) hat	and	staff

ʊnt	den	'zan dəl ˌʃu:n
und	**den**	**Sandalschuh'n.**
and	the	sandal shoes

e:r	ɪst	'la ŋə	to:t	ʊnt	hɪn
Er	**ist**	**lange**	**tot**	**und**	**hin,**
he	is	long	dead	and	gone

to:t	ʊnt	hɪn	'frɔø laen
tot	**und**	**hin,**	**Fräulein!**
dead	and	gone	young lady

i:m	tsu:	'hɔøp tən	aen	'ra: zən	gry:n
Ihm	**zu**	**Häupten**	**ein**	**Rasen**	**grün,**
to him	at	head	a	turf	green

i:m	tsu:	fu:s	aen	ʃtaen
ihm	**zu**	**Fuß**	**ein**	**Stein.**
to him	at	foot	a	stone

II. Sein Leichenhemd weiß

music: Johannes Brahms
text: William Shakespeare
translation: August Wilhelm von Schlegel

II

za͡en	ˈla͡e çən ˌhɛmt	va͡es	viː	ʃneː	tsuː	zeːn
Sein	**Leichenhemd**	**weiß**	**wie**	**Schnee**	**zu**	**sehn,**
his	shroud	white	as	snow	[to]	to see

gə ˈtsiːʁt	mɪt	ˈbluː mən ˌzeː gən
geziert	**mit**	**Blumensegen,**
adorned	with	flower blessings

das	ˈun bə ˌtrɛnt	tsuːm	grɑːp	mʊst	geːn
das	**unbetränt**	**zum**	**Grab**	**mußt**	**gehn**
which	unbewept	to the	grave	must	to go

fɔn	ˈliː bəs ˌreː gən
von	**Liebesregen.**
from	love rain

III. Auf morgen ist Sankt Valentins Tag

music: Johannes Brahms
text: William Shakespeare
translation: August Wilhelm von Schlegel

III

a͡of	ˈmɔr gən	ɪst	zaŋkt	ˈvɑː lɛn tiːns	tɑːk
Auf	**morgen**	**ist**	**Sankt**	**Valentins**	**Tag,**
on	tomorrow	is	Saint	Valentine's	Day

voːl	an	deːʁ	tsa͡et	nɔχ	fryː
wohl	**an**	**der**	**Zeit**	**noch**	**früh,**
well	at	the	time	still	early

ʊnt	ɪç	nə	ma͡et	am	ˈfɛn stəʁ ˌʃlɑːk
und	**ich,**	**'ne**	**Maid,**	**am**	**Fensterschlag**
and	I	a	maiden	at the	window sash

vɪl	za͡en	ɔør	ˈvɑː lɛn tiːn
will	**sein**	**eu'r**	**Valentin.**
want	to be	your	valentine.

eːʁ	vɑːr	bə ˈra͡et	tɛːt	an	za͡en	kla͡et
Er	**war**	**bereit,**	**tät**	**an**	**sein**	**Klcid,**
he	was	ready	put	on	his	garb

tɛːt	a͡of	diː	ˈka məʁ ˌtyːʁ
tät	**auf**	**die**	**Kammertür,**
opened	up	the	chamber door

liːs	a͡en	diː	ma͡et	diː	als	nə	ma͡et
ließ	**ein**	**die**	**Maid,**	**die**	**als**	**'ne**	**Maid**
let	in	the	virgin	who	as	a	virgin

gɪŋ	ˈni məʁ ˌmeːʁ	hɛʁ ˈfyːʁ
ging	**nimmermehr**	**herfür.**
went	nevermore	out

ba͡e	ˈʊn zrəʁ	fra͡o	ʊnt	zaŋkt	ka ˈtra͡en
Bei	**unsrer**	**Frau**	**und**	**Sankt**	**Kathrein:**
by	our	Blessed Virgin	and	Saint	Katharine

o:	'pfʊ i	vas	zɔl	das	z͡aen
o	**pfui!**	**was**	**soll**	**das**	**sein?**
o	shame	what	ought	that	to be

a͡en	'jʊ ŋəʁ	man	tu:ts	vɛn	e:r	kan
Ein	**junger**	**Mann**	**tut's**	**wenn**	**er**	**kann,**
a	young	man	does it	when	he	can

b͡aem	'hɪ məl	sɪst	nɪçt	f͡aen
beim	**Himmel**	**s'ist**	**nicht**	**fein.**
by the	Heaven	it is	not	polite

zi:	ʃpra:χ	e:	i:r	gə 'ʃɛrtst	mɪt	mi:r
Sie	**sprach:**	**eh'**	**ihr**	**gescherzt**	**mit**	**mir,**
she	spoke	before	you	had fun	with	me

gə 'lo:p tət	i:r	mɪç	tsu:	f͡raen
gelobtet	**ihr**	**mich**	**zu**	**frein.**
vowed	you	me	to	to marry

ɪç	brɛçs		a͡oχ	nɪçt	b͡aem	'zɔ nən ˌlɪçt
Ich	**brächs**		**auch**	**nicht,**	**beim**	**Sonnenlicht,**
I	would have broken it off		also	not	by the	light of the sun

vɛʁst	du:	nɪçt	'kɔ mən	r͡aen
wärst	**du**	**nicht**	**kommen**	**rein.**
had	you	not	come	thereinto

IV. Sie trugen ihn auf der Bahre bloß

music: Johannes Brahms
text: William Shakespeare
translation: August Wilhelm von Schlegel

IV

zi:	'tru: gən	i:n	a͡of	de:ʁ	'ba: rə	blo:s
Sie	**trugen**	**ihn**	**auf**	**der**	**Bahre**	**bloß,**
they	carried	him	on	the	bier	uncovered

'l͡ae dəʁ	aχ	'l͡ae dəʁ
leider,	**ach**	**leider!**
unfortunately	alas	unfortunately

ʊnt	'man çə	trɛ:n	fi:l	ɪn	'gra: bəs	ʃo:s
Und	**manche**	**Trän'**	**fiel**	**in**	**Grabes**	**Schoß.**
and	many a	tear	fell	into	grave's	womb

'nʊn təʁ	hɪ 'nʊn təʁ
'Nunter,	**hinunter!**
down	down

ʊnt	ru:ft	i:ʁ	i:n	'nʊn təʁ
Und	**ruft**	**ihr**	**ihn**	**'nunter.**
and	call	you	him	down

dɛn	'tra͡ot li:p	'frɛn tsəl	ɪst	al	m͡ae nə	lʊst
Denn	**trautlieb**	**Fränzel**	**ist**	**all'**	**meine**	**Lust.**
for	dear love	Frankie	is	all	my	joy

V. Und kommt er nicht mehr zurück?

music: Johannes Brahms
text: William Shakespeare
translation: August Wilhelm von Schlegel

V

ʊnt	kɔmt	eːʁ	nɪçt	meːʁ	tsuː ˈʁʏk
Und	**kommt**	**er**	**nicht**	**mehr**	**zurück?**
and	comes	he	not	anymore	back

ʊnt	kɔmt	eːʁ	nɪçt	meːʁ	tsuː ˈʁʏk
Und	**kommt**	**er**	**nicht**	**mehr**	**zurück?**
and	comes	he	not	anymore	back

eːʁ	ɪst	toːt	oː	veː
Er	**ist**	**tot,**	**o**	**weh!**
he	is	dead	oh	woe

ɪn	daen	ˈtoː dəs ˌbɛt	geː
In	**dein**	**Todesbett**	**geh,**
to	your	death bed	go

eːʁ	kɔmt	jɑː	ˈnɪ məʁ	tsuː ˈʁʏk
er	**kommt**	**ja**	**nimmer**	**zurück.**
he	comes	indeed	never	back

zaen	bart	vɑːr	zoː	vaes	viː	ʃneː
Sein	**Bart**	**war**	**so**	**weiß**	**wie**	**Schnee,**
his	beard	was	as	white	as	snow

zaen	haopt	dem	ˈflak sə	glaeç
sein	**Haupt**	**dem**	**Flachse**	**gleich:**
his	head	to the	flax	similar

eːʁ	ɪst	hɪn	[eːʁ]	ɪst	hɪn
er	**ist**	**hin,**	**[er]**	**ist**	**hin,**
he	is	gone	[he]	is	gone

ʊnt	kaen	laet	brɪŋkt	gə ˈvɪn
und	**kein**	**Leid**	**bringt**	**Gewinn;**
and	no	grief	brings	profit

gɔt	hɛlf	iːm	ɪns	ˈhɪ məl ˌraeç
Gott	**helf'**	**ihm**	**ins**	**Himmelreich!**
God	help	him	into the	kingdom of heaven

Aus meinen großen Schmerzen

music: Robert Franz
text: Heinrich Heine

a͡os	ˈma͡e nən	ˈgro: sən	ˈʃmɛr tsən
Aus	**meinen**	**großen**	**Schmerzen**
from	my	great	hurts

max	ɪç	di:	ˈkla͡e nən	ˈli: dəʁ
mach'	**ich**	**die**	**kleinen**	**Lieder,**
make	I	the	little	songs

di:	ˈhe: bən	i:ʁ	ˈklɪ ŋənt	gə ˈfi: dəʁ
die	**heben**	**ihr**	**klingend**	**Gefieder**
they	lift	their	ringing	feathers

ʊnt	ˈfla təʁn	na:χ	ˈi: rəm	ˈhɛr tsən
und	**flattern**	**nach**	**ihrem**	**Herzen.**
and	flutter	toward	her	heart

zi:	ˈfan dən	den	ve:k	tsu:ʁ	ˈtra͡o tən
Sie	**fanden**	**den**	**Weg**	**zur**	**Trauten,**
they	found	the	way	to the	dear one

dɔχ	ˈkɔ mən	zi:	ˈvi: dəʁ	ʊnt	ˈkla: gən
doch	**kommen**	**sie**	**wieder**	**und**	**klagen,**
but	come	they	back	and	complain

ʊnt	ˈkla: gən	ʊnt	ˈvɔ lən	nɪçt	ˈza: gən
und	**klagen,**	**und**	**wollen**	**nicht**	**sagen,**
and	complain	and	are willing	not	to say

vas	zi:	ɪm	ˈhɛr tsən	ˈʃa͡o tən
was	**sie**	**im**	**Herzen**	**schauten.**
what	they	in the	heart	saw

Er ist gekommen

music: Robert Franz
text: Friedrich Rückert

e:ʁ	ɪst	gə ˈkɔ mən	ɪn	ʃtʊrm	ʊnt	ˈre: gən
Er	**ist**	**gekommen**	**in**	**Sturm**	**und**	**Regen,**
he	is [has]	come	in	storm	and	rain

i:m	ʃlu:k	bə ˈklɔ mən	ma͡en	hɛrts	ɛnt ˈge: gən
ihm	**schlug**	**beklommen**	**mein**	**Herz**	**entgegen.**
him	beat	anxious	my	heart	toward

vi:	kœnt	ɪç	ˈa: nən	das	ˈza͡e nə	ˈba: nən
Wie	**könnt'**	**ich**	**ahnen,**	**dass**	**seine**	**Bahnen**
how	could	I	suspect	that	his	making his way

zɪç	ˈa͡e nən	ˈzɔl tən	ˈma͡e nən	ˈve: gən
sich	**einen**	**sollten**	**meinen**	**Wegen?**
itself	unite (with)	should	my	paths

e:ʁ	ɪst	gə ˈkɔ mən	ɪn	ʃtʊrm	ʊnt	ˈre: gən
Er	**ist**	**gekommen**	**in**	**Sturm**	**und**	**Regen,**
he	is [has]	come	in	storm	and	rain

e:ʁ	hat	gə ˈnɔ mən	ma͡en	hɛrts	fɛʁ ˈve: gən
er	**hat**	**genommen**	**mein**	**Herz**	**verwegen.**
he	has	captured	my	heart	boldly

na:m	e:ʁ	das	ˈma͡e nə	na:m	ɪç	das	ˈza͡e nə
Nahm	**er**	**das**	**meine?**	**nahm**	**ich**	**das**	**seine?**
captured	he	the	mine	captured	I	the	his

di: ˈbae̯ dən ˈkɑː mən zɪç ɛnt ˈgeː gən
Die beiden kamen sich entgegen.
the both came each other toward

eːʁ ɪst gə ˈkɔ mən ɪn ʃtʊrm ʊnt ˈreː gən
Er ist gekommen in Sturm und Regen.
he is [has] come in storm and rain

nuːn ɪst ɛnt ˈglɔ mən dɛs ˈfryː lɪŋs ˈzeː gən
Nun ist entglommen des Frühlings Segen.
now is [has] glowed of the spring blessing

deːʁ ˈliːp stə tsiːt ˈvae̯ təʁ ɪç zeː ɛs ˈhae̯ təʁ
Der Liebste zieht weiter, ich seh' es heiter,
the dearest love moves on I see him cheerfully

dɛn mae̯n blae̯pt eːʁ ao̯f ˈa lən ˈa lən ˈveː gən
denn mein bleibt er auf allen, allen Wegen.
for mine remains he on all all paths

Für Musik

music: Robert Franz
text: Emanuel Geibel

fyːr mu ˈziːk
Für Musik
for music

nʊn diː ˈʃa tən ˈdʊŋ kəln
Nun die Schatten dunkeln,
now the shadows deepen

ʃtɛrn an ʃtɛrn ɛʁ ˈvaχt
Stern an Stern erwacht.
star upon star awakes

vɛlç ae̯n hao̯χ deːʁ ˈzeːn zʊχt ˈfluː tət
Welch ein Hauch der Sehnsucht flutet
what a breath of longing flows

dʊrç diː naχt
durch die Nacht.
through the night

dʊrç das meːʁ deːʁ ˈtrɔ͡ø mə
Durch das Meer der Träume
through the sea of dreams

ˈʃtɔ͡ø əʁt ˈoː nə ruː
steuert ohne Ruh',
steers without rest

ˈʃtɔ͡ø əʁt ˈmae̯ nə ˈzeː lə
steuert meine Seele
steers my soul

ˈdae̯ nəʁ ˈzeː lə tsuː
deiner Seele zu.
to your soul (to)

diː zɪç diːʁ ɛʁ ˈgeː bən
Die sich dir ergeben,
it itself to you to surrender

nɪm ziː gants da ˈhɪn
nimm sie ganz dahin!
captures it entirely thither

aχ   du: va͡est   das   ˈnɪ mər
Ach,   du   weißt,   dass   nimmer
ah   you   know   that   never

ɪç   ma͡en   ˈa͡e gən   bɪn
ich   mein   eigen   bin,
I   my   own   am

ma͡en   ˈa͡e gən   bɪn
mein   eigen   bin.
my   own   am

Im Herbst

music: Robert Franz
text: Wolfgang Müller

ɪm   hɛrpst
Im   Herbst
in the   autumn

di: ˈha͡e də   ɪst   bra͡on   a͡enst   ˈbly: tə   zi: ro:t
Die   Heide   ist   braun,   einst   blühte   sie   rot;
the   heath   is   brown   once   blossomed   it   red

di: ˈbɪr kə   ɪst   ka:l   gry:n   wa:r   a͡enst   i:ʁ   kla͡et
die   Birke   ist   kahl,   grün   war   einst   ihr   Kleid;
the   birch tree   is   bare   green   was   once   its   garb

a͡enst   gɪŋ   ɪç   tsu: tsva͡en   jɛtst   ge: ɪç   a ˈla͡en
einst   ging   ich   zu   zwei'n,   jetzt   geh'   ich   allein;
once   walked   I   in   twos   now   walk   I   alone

ve: ˈy: bɔʁ   de:n   hɛrpst   ʊnt   di: ˈgra:m ˌfɔ lə   tsa͡et
weh'   über   den   Herbst   und   die   gramvolle   Zeit!
alas   concerning   the   autumn   and   the   sorrow full   time

o: ve: o: ve:
O   weh,   o   weh!
oh   alas   oh   alas

ve: ˈy: bɔʁ   de:n   hɛrpst   ʊnt   di: ˈgra:m ˌfɔ lə   tsa͡et
Weh'   über   den   Herbst   und   die   gramvolle   Zeit!
alas   concerning   the   autumn   and   the   sorrow full   time

a͡enst   ˈbly: tən   di: ˈro: zən   jɛtst   ˈvɛl kən   zi: al
Einst   blühten   die   Rosen,   jetzt   welken   sie   all',
once   bloomed   the   roses   now   wither   they   all

fɔl   dʊft   va:r   di: ˈblu: mə   nu:n   tso:k   e:ʁ   hɛ ˈra͡os
voll   Duft   war   die   Blume,   nun   zog   er   heraus;
full   fragrance   was   the   flower   now   took   it [autumn]   away

a͡enst   pflʏkt   ɪç   tsu: tsva͡en   jɛtst   pflʏk   ɪç   a ˈla͡en
einst   pflückt'   ich   zu   zwei'n,   jetzt   pflück'   ich   allein;
once   picked   I   in   twos   now   pick   I   alone

das   vɪʁt   a͡en   ˈdʏ rəʁ   a͡en   ˈdʊft ˌlo: zəʁ   ʃtra͡os
das   wird   ein   dürrer,   ein   duftloser   Strauß!
that   becomes   a   withered   a   scentless   bouquet

o: ve: o: ve:
O   weh,   o   weh!
oh   alas   oh   alas

das   vɪʁt   a͡en   ˈdʏ rəʁ   a͡en   ˈdʊft ˌlo: zəʁ   ʃtra͡os
das   wird   ein   dürrer,   ein   duftloser   Strauß.
that   becomes   a   withered   a   scentless   bouquet

di:	vɛlt	ɪst	zo:	ø:t	zi:	vɑːr	a͡enst	zo:	ʃøːn
Die	**Welt**	**ist**	**so**	**öd',**	**sie**	**war**	**einst**	**so**	**schön,**
the	world	is	so	bleak	it	was	once	so	beautiful

ɪç	vɑːr	a͡enst	zo:	ra͡eç	zo:	ra͡eç
ich	**war**	**einst**	**so**	**reich,**	**so**	**reich,**
I	was	once	so	rich	so	rich

jɛtst	bɪn	ɪç	fɔl	no:t
jetzt	**bin**	**ich**	**voll**	**Not!**
now	am	I	full of	need

a͡enst	gɪŋ	ɪç	tsu:	tsva͡en	jɛtst	ge:	ɪç	a ˈla͡en
Einst	**ging**	**ich**	**zu**	**zwei'n,**	**jetzt**	**geh'**	**ich**	**allein!**
one	walked	I	in	twos	now	walk	I	alone

ma͡en	li:p	ɪst	falʃ	o:	ˈveː rə	ɪç	to:t
Mein	**Lieb**	**ist**	**falsch,**	**o**	**wäre**	**ich**	**tot!**
my	love	is	false	oh	were	I	dead

ma͡en	li:p	ɪst	falʃ	o:	ˈveː rə	ɪç	to:t
Mein	**Lieb**	**ist**	**falsch,**	**o**	**wäre**	**ich**	**tot!**
my	love	is	false	oh	were	I	dead

Frühlingsmorgen

music: Gustav Mahler
text: Richard Leander

ˈfry: lɪŋs ˌmɔr gən
Frühlingsmorgen
spring morning

ɛs	klɔpft	an	das	ˈfɛn stɐʁ	deːʁ	ˈlɪn dən ˌba͡om
Es	**klopft**	**an**	**das**	**Fenster**	**der**	**Lindenbaum**
it	taps	at	the	window	the	linden tree

mɪt	ˈtsva͡e gən	ˈbly: tən bə ˌha ŋən
mit	**Zweigen,**	**blüten-behangen:**
with	branches	blossoms hung

ʃte:	a͡of	ʃte:	a͡of
Steh' auf!		**Steh' auf!**	
get up		get up	

vas	li:kst	du:	ɪm	tra͡om
Was	**liegst**	**du**	**im**	**Traum?**
what (for)	lie	you	in	dream

di:	zɔn	ɪst	ˈa͡of gə ˌga ŋən
Die	**Sonn'**	**ist**	**aufgegangen!**
the	sun	is [has]	risen

ʃte:	a͡of	ʃte:	a͡of
Steh' auf!		**Steh' auf!**	
get up		get up	

di:	ˈlɛr çə	ɪst	vaχ	di:	ˈbʏ ʃə	veːn
Die	**Lerche**	**ist**	**wach,**	**die**	**Büsche**	**weh'n!**
the	lark	is	awake	the	bushes	flutter

di:	ˈbi: nən	ˈzu mən	ʊnt	ˈkɛː fɐʁ
Die	**Bienen**	**summen**	**und**	**Käfer!**
the	bees	buzz	and	beetles

ʃteː a͡of   ʃteː a͡of
Steh' auf! **Steh' auf!**
get up   get up

ʊnt da͡en ˈmʊn tə rəs liːp haː bɪç a͡oχ ʃoːn gə ˈzeːn
Und **dein** **munteres** **Lieb'** **hab' ich** **auch** **schon** **geseh'n.**
and your wide-awake beloved one have I also already seen

ʃteː a͡of   ˈlaŋ ˌʃlɛː fɐ
Steh' auf, **Langschläfer!**
get up   late-riser

ˈlaŋ ˌʃlɛː fɐ   ʃteː a͡of
Langschläfer, **steh' auf!**
late-riser   get up

ʃteː a͡of   ʃteː a͡of
Steh' auf! **Steh' auf!**
get up   get up

Liebst du um Schönheit

music: Gustav Mahler

text: Friedrich Rückert

liːpst duː ʊm ˈʃøːn ha͡et oː nɪçt mɪç ˈliː bə
Liebst **du** **um** **Schönheit,** **o** **nicht** **mich** **liebe!**
love you for beauty oh not me love

ˈliː bə diː ˈzɔ nə ziː trɛːkt a͡en ˈgɔld nəs haːr
Liebe **die** **Sonne,** **sie** **trägt** **ein** **gold'nes** **Haar!**
love the sun it bears a golden hair

liːpst duː ʊm ˈjuː gənt oː nɪçt mɪç ˈliː bə
Liebst **du** **um** **Jugend,** **o** **nicht** **mich** **liebe!**
love you for youth oh not me love

ˈliː bə den ˈfryː lɪŋ deːʁ jʊŋ ɪst ˈjeː dəs jaːr
Liebe **den** **Frühling,** **der** **jung** **ist** **jedes** **Jahr!**
love the spring which young is every year

liːpst duː ʊm ˈʃɛt sə oː nɪçt mɪç ˈliː bə
Liebst **du** **um** **Schätze,** **o** **nicht** **mich** **liebe!**
love you for treasures oh not me love

ˈliː bə diː ˈmeːr fra͡o ziː hat fiːl ˈpɛr lən klaːr
Liebe **die** **Meerfrau,** **sie** **hat** **viel** **Perlen** **klar!**
love the mermaid she has many pearls bright

liːpst duː ʊm ˈliː bə oː jaː mɪç ˈliː bə
Liebst **du** **um** **Liebe,** **o** **ja** **mich** **liebe!**
love you for love oh yes me love

ˈliː bə mɪç ˈɪ mɐʁ dɪç liː bɪç ˈɪ mɐʁ daːr
Liebe **mich** **immer,** **dich** **lieb' ich** **immerdar!**
love me always you love I evermore

Lob des hohen Verstandes

music: Gustav Mahler
text: Traditional German

loːp	dɛs	ˈhoː ən	fɛʁ ˈʃtan dəs
Lob	**des**	**hohen**	**Verstandes**
praise	of the	lofty	intellect

ˈaenst maːls	ɪn	ˈae nəm	ˈtiː fən	taːl
Einstmals	**in**	**einem**	**tiefen**	**Tal,**
once	in	a	deep	valley

ˈku kʊk		ʊnt	ˈnaχ tɪ ˌgal
Kukuk [Kuckuck]		**und**	**Nachtigall**
cuckoo		and	nightingale

ˈtɛː tən	aen	vɛt	ˈan ʃlaː gən
täten	**ein**	**Wett'**	**anschlagen:**
made	a	wager	to strike

tsuː	ˈzɪ ŋən	ʊm	das	ˈmae stəʁ ˌʃtʏk
zu	**singen**	**um**	**das**	**Meisterstück,**
for	to sing	for	the	masterpiece

gə ˈvɪn	ɛs	kʊnst	gə ˈvɪn	ɛs	glʏk
gewinn'	**es**	**Kunst,**	**gewinn'**	**es**	**Glück,**
to win	it	art	to win	it	luck

daŋk	zɔl	eːʁ	da ˈfɔn	ˈtraː gən
Dank	**soll**	**er**	**davon**	**tragen!**
prize	ought	he	thereby	carry off

deːʁ	ˈku kʊk	ʃpraːχ	zoː	diːʁs	gə ˈfɛlt
Der	**Kukuk**	**sprach:**	**»So**	**dir's**	**gefällt,**
the	cuckoo	spoke	if	to you it	pleases

haː	bɪç	den	ˈrɪç təʁ	vɛːlt
hab'	**ich**	**den**	**Richter**	**wühlt',«**
have	I	the	judge	chosen

ʊnt	tɛːt	glaeç	den	ˈeː zəl	ɛʁ ˈnɛ nən
und	**tät**	**gleich**	**den**	**Esel**	**ernennen.**
and	acted	immediately	the	donkey	to designate

dɛn	vael	eːʁ	hat	tsvae	ˈoː rən	groːs
»Denn	**weil**	**er**	**hat**	**zwei**	**Ohren**	**groß,**
for	because	he	has	two	ears	huge

zoː	kan	eːʁ	ˈhøː rən	ˈdɛ sto boːs
so	**kann**	**er**	**hören**	**desto bos,**
so	is able	he	to hear	so much the better

ʊnt	vas	rɛçt	ɪst	ˈkɛ nən
und,	**was**	**recht**	**ist,**	**kennen!«**
and	what	right	is	to know

ziː	ˈfloː gən	foːʁ	den	ˈrɪç təʁ	balt
Sie	**flogen**	**vor**	**den**	**Richter**	**bald.**
they	flew	before	the	judge	soon

viː	deːm	diː	ˈza çə	vart	ɛʁ ˈtsɛlt
Wie	**dem**	**die**	**Sache**	**ward**	**erzählt,**
as	to him	the	case	was	told

ʃuːf	eːʁ	ziː	ˈsɔl tən	ˈzɪ ŋən
schuf	**er,**	**sie**	**sollten**	**singen!**
ordered	he	they	should	sing

di:	ˈnaχ tɪ gal	zaŋ	ˈliːp lɪç	a͡os
Die	**Nachtigall**	**sang**	**lieblich**	**aus!**
the	nightingale	sang	sweetly	out

deːʁ	ˈeː zəl	ʃpraːχ	du:	maχst	miːʁs	kra͡os
Der	**Esel**	**sprach:**	**»Du**	**machst**	**mir's**	**kraus!**
the	donkey	said	you	make	to me it	baffled

i: ˈjɑ:	i: ˈjɑ:	ɪç	kans	ɪn	kɔpf	nɪçt	ˈbrɪ ŋən
Ija!	**Ija!**	**Ich**	**kann's**	**in**	**Kopf**	**nicht**	**bringen!«**
hee-haw	hee-haw	I	can it	into	head	not	get

deːʁ	ˈkʊ kʊk	dra͡of	fɪŋ an	gə ˈʃvɪnt
Der	**Kukuk**	**d'rauf**	**fing an**	**geschwind**
the	cuckoo	thereupon	began	speedily

za͡en	zaŋ	dʊrç	tɛrts	ʊnt	kvart	ʊnt	kvɪnt
sein	**Sang**	**durch**	**Terz**	**und**	**Quart**	**und**	**Quint.**
his	song	through	third	and	fourth	and	fifth

deːm	ˈeː zəl	kfiːls		eːʁ	ʃraːχ	nuːʁ	vart
Dem	**Esel**	**g'fiels;**		**er**	**sprach**	**nur:**	**»Wart!**
to the	donkey	was pleasing it		he	said	only	wait

ma͡en	ˈʊʁ ta͡el	vɪl	ɪç	ˈʃprɛ çən	jɑ:	ˈʃprɛ çən
Mein	**Urteil**	**will**	**ich**	**sprechen,**	**ja**	**sprechen.**
my	verdict	will	I	pronounce	yes	pronounce

voːl	ˈzʊ ŋən	hast	du:	ˈnaχ tɪ gal
Wohl	**sungen**	**hast**	**du,**	**Nachtigall!**
well	sung	have	you	nightingale

ˈɑː bəʁ	ˈkʊ kʊk	zɪŋst	guːt	ko ˈrɑːl
Aber	**Kukuk,**	**singst**	**gut**	**Choral,**
but	cuckoo	you sing	good	anthem

ʊnt	hɛltst	den	takt	fa͡en	ˈɪ nən
und	**hältst**	**den**	**Takt**	**fein**	**innen!**
and	you keep	the	beat	excellently	within

das	ʃprɛç	ɪç	naχ	ma͡en	hoːn	fɛʁ ˈʃtant
Das	**sprech'**	**ich**	**nach**	**mein'**	**hoh'n**	**Verstand,**
this	say	I	according to	my	lofty	intellect

ʊnt	kɔst	ɛs	gla͡eç	a͡en	ˈgan tsəs	lant
und	**kost'**	**es**	**gleich**	**ein**	**ganzes**	**Land,**
and	cost	it	even	an	entire	country

zo:	las	ɪçs	dɪç	gə ˈvɪ nən
so	**laß**	**ich's**	**dich**	**gewinnen.«**
so	allow	I it	to you	to win

ˈkʊ kʊk	ˈkʊ kʊk	i: ˈjɑ:
Kukuk!	**Kukuk!**	**Ija!**
cuckoo	cuckoo	hee-haw

Wer hat dies Liedlein erdacht?

music: Gustav Mahler
text: Traditional German

ve:ʁ hat di:s ˈli:t la͡en ɛʁ ˈdaχt
Wer hat dies Liedlein erdacht?
who has this little song thought up

dɔrt ˈo: bən am bɛrk ɪn dem ˈho: ən ha͡os
Dort oben am Berg in dem hohen Haus!
there up on the mountain in the high house

dɑ: ˈgʊ kət a͡en fa͡ens li:ps ˈmɛ: dəl hɛ ˈra͡os
Da gucket ein fein's lieb's Mädel heraus!
there peers a fine dear maiden out

ɛs ɪst nɪçt dɔrt da ˈha͡e mə
Es ist nicht dort daheime!
she is not there at home

ɛs ɪst dɛs vɪrts za͡en ˈtœç təʁ la͡en
Es ist des Wirt's sein Töchterlein!
she is of the innkeeper his little daughter

ɛs ˈvo: nət a͡of ˈgry: nəʁ ˈha͡e də
Es wohnet auf grüner Haide!
she lives on (the) green heath

ma͡en ˈhɛrts lə ɪs vʊnt
Mein Herzle is' wund!
my heart is wounded

kɔm ˈʃɛts lə maχs kzʊnt
Komm', Schätzle, mach's g'sund!
come dear treasure make it well

da͡en ˈʃvartz ˌbra͡o nə ˈɔøg la͡en
Dein schwarzbraune Äuglein,
your dark brown little eyes

di: hɑ:b[ə]n mɪç fɛʁ ˈvʊnt
die hab'n mich verwund't!
they have me wounded

da͡en ˈro: zɪ gəʁ mʊnt maχt ˈhɛr tsən gə ˈzʊnt
Dein rosiger Mund macht Herzen gesund,
your rosy mouth makes hearts healthy

maχt ˈju: gənt fɛʁ ˈʃten dɪç
macht Jugend verständig,
makes young people wise

maχt ˈto: tə le: ˈbɛn dɪç
macht Tote lebendig,
makes dead ones alive

maχt ˈkraŋ kə gə ˈzʊnt jɑ: gə ˈzʊnt
macht Kranke gesund, ja gesund.
makes sick ones healthy indeed healthy

ve:ʁ hat dɛn das ʃø:n ˈʃø: nə ˈli:t la͡en ɛʁ ˈdaχt
Wer hat denn das schön schöne Liedlein erdacht?
who has then the exceedingly lovely little song thought up

ɛs ˈhɑ: bəns dra͡e gɛns ˈy: bəʁs ˈva səʁ gə ˈbraχt
Es haben's drei Gäns über's Wasser gebracht!
it have it three geese over the water brought

tsvae	'grao ə	ʊnt	'ae nə	'vae sə
Zwei	**graue**	**und**	**eine**	**weiße!**
two	grey	and	one	white

ʊnt	ve:ʁ	das	'li:t laen	nɪçt	'zɪ ŋən	kan
Und	**wer**	**das**	**Liedlein**	**nicht**	**singen**	**kann,**
and	whoever	the	little song	not	to sing	can

de:m	'vɔ lən	zi:	ɛs	'pfae fən	jɑ:
dem	**wollen**	**sie**	**es**	**pfeifen!**	**Ja!**
to him	will	they	it	whistle	yes

Laue Sommernacht
music: Alma Schindler Mahler
text: Gustav Falke

'lao ə	'zɔ məʁ ˌnaχt	am	'hɪ məl
Laue	**Sommernacht,**	**am**	**Himmel**
mild	summer night	in the	sky

ʃtant	kaen	ʃtɛrn	ɪm	'vae tən	'val də
stand	**kein**	**Stern,**	**im**	**weiten**	**Walde**
was	not a	star	in the	vast	forest

'zu:χ tən	vi:ʁ	ʊns	ti:f	ɪm	'dʊŋ kəl
suchten	**wir**	**uns**	**tief**	**im**	**Dunkel,**
searched for	we	each other	deep	in the	dark

ʊnt	vi:ʁ	'fan dən	ʊns
und	**wir**	**fanden**	**uns.**
and	we	found	each other

'fan dən	ʊns	ɪm	'vae tən	'val də
Fanden	**uns**	**im**	**weiten**	**Walde**
we found	each other	in the	vast	forest

ɪn	de:ʁ	naχt	de:ʁ	'ʃtɛr nən ˌlo: zən
in	**der**	**Nacht,**	**der**	**sternenlosen,**
in	the	night	the	stars-less one

'hi:l tən	'ʃtao nənt	ʊns	ɪm	'ar mə
hielten	**staunend**	**uns**	**im**	**Arme**
held	in wonder	each other	in the	arm

ɪn	de:ʁ	'dʊŋ klən	naχt
in	**der**	**dunklen**	**Nacht.**
in	the	dark	night

vɑ:r	nɪçt	'ʊn zəʁ	'gan tsəs	'le: bən
War	**nicht**	**unser**	**ganzes**	**Leben**
was	only	our	whole	life

nu:ʁ	aen	'ta pən	nu:ʁ	aen	'zu: χən
nur	**ein**	**Tappen,**	**nur**	**ein**	**Suchen,**
but	a	groping	but	a	searching

da:	ɪn	'zae nə	'fɪn stəʁ ˌnɪ sə
da	**in**	**seine**	**Finsternisse,**
there	in	its	darkness

'li: bə	fi:l	daen	lɪçt
Liebe,	**fiel**	**dein**	**Licht!**
love,	descended	your	light

Italien

music: Fanny Mendelssohn Hensel
text: Franz Grillparzer

iː ˈtɑː li ən
Italien
Italy

ˈʃøː nəʁ	ʊnt	ˈʃøː nəʁ	ʃmʏkt	zɪç	deːʁ	plɑːn
Schöner	**und**	**schöner**	**schmückt**	**sich**	**der**	**Plan,**
more beautiful	and	more beautiful	decks out	itself	the	plain

ˈʃmae çəln də	ˈlʏf tə	ˈveː ən	mɪç	an
schmeichelnde	**Lüfte**	**wehen**	**mich**	**an!**
caressing	breezes	blow	to me	on

fɔrt	aos	deːʁ	ˈproː za	ˈla stən	ʊnt	myː
Fort	**aus**	**der**	**Prosa**	**Lasten**	**und**	**Müh'**
away	from	of	prose	burdens	and	troubles

tsiː	ɪç	tsʊm	ˈlan də	deːʁ	po e ˈziː
zieh'	**ich**	**zum**	**Lande**	**der**	**Poesie.**
go	I	to the	land	of	poetry

ˈɡɔld nəʁ	diː	ˈzɔ nə	ˈblao əʁ	diː	lʊft
Gold'ner	**die**	**Sonne,**	**blauer**	**die**	**Luft,**
more golden	the	sun	more blue	the	air

ˈɡryː nəʁ	diː	ˈɡryː nə	ˈvʏrts ɡəʁ	deːʁ	dʊft
grüner	**die**	**Grüne,**	**würz'ger**	**der**	**Duft!**
greener	the	verdure	spicier	the	fragrance

dɔrt	an	dem	ˈmaes halm	ˈʃvɛ lɛnt	fɔn	zaft
Dort	**an**	**dem**	**Maishalm,**	**schwellend**	**von**	**Saft,**
there	by	the	cornstalk	swelling	from	sap

ʃtrɔøpt	zɪç	deːʁ	ˈɑː loː ə	ˈʃtœ rɪ ʃə	kraft
sträubt	**sich**	**der**	**Aloe**	**störrische**	**Kraft;**
bristles	itself	of the	aloe	stubborn	strength

ˈøːl baom	tsy ˈprɛ sə	blɔnt	duː	duː	braon
Oelbaum,	**Cypresse [Zypresse]**	**blond**	**du,**	**du**	**braun,**
olive tree	cypress	blond	you	you	brown

nɪkt	iːʁ	viː	ˈtsiːr lɪ çə	ˈɡryː sən də	fraon
nickt	**ihr**	**wie**	**zierliche,**	**grüßende**	**Frau'n?**
nod	you	like	charming	greeting	women

vas	ɡlɛnts	ɪm	ˈlao bə	ˈfʊŋ kəlnt	wiː	ɡɔlt
Was	**glänzt**	**im**	**Laube,**	**funkelnd**	**wie**	**Gold?**
what	shines	in the	foliage	sparkling	like	gold

hɑː	po mə ˈran tsə	bɪrkst	duː	dɪç	hɔlt
Ha!	**Pomeranze,**	**birgst**	**du**	**dich**	**hold?**
ha	orange	conceal	you	yourself	graciously

ˈtrɔts ɡəʁ	po ˈzae dɔn	ˈvɑː rəst	duː	diːs
Trotz'ger	**Poseidon,**	**warest**	**du**	**dies,**
defiant	Poseidon	was it	you	this one

deːʁ	ˈʊn tən	ʃɛrtst	ʊnt	ˈmʊr məlt	zoː	zyːs
der	**unten**	**scherzt**	**und**	**murmelt**	**so**	**süß?**
who	below	played	and	murmured	so	sweet

ʊnt	diːs	halp	ˈviː zə	halp	ˈɛː təʁ	tsuː	ˈʃaon
Und	**dies,**	**halb**	**Wiese,**	**halb**	**Aether**	**zu**	**schau'n,**
and	this	half	meadow	half	ether	to	behold

ɛs	vɑːʁ	dɛs	ˈmeː rəs	ˈfʊɐ̯çt bɑː rəs	gra͜ɔn
es	**war**	**des**	**Meeres**	**furchtbares**	**Grau'n?**
it	was	of the	ocean	fearful	terror

hiːʁ	vɪ lɪç	ˈvoː nən	ˈɡœt lɪ çə	duː
Hier	**will ich**	**wohnen,**	**Göttliche**	**du.**
here	will I	live	godly	you

brɪŋst	duː	par ˈteː no pe	ˈvoː gən	tsuːʁ	ruː
Bringst	**du,**	**Parthenope,**	**Wogen**	**zur**	**Ruh'?**
bring	you	Partenope	waves	to the	repose

nuːn	dan	fɛʁ ˈzuːχ	ɛs	ˈeː dən	deːʁ	lʊst
Nun	**dann**	**versuch'**	**es,**	**Eden**	**der**	**Lust,**
now	then	try	it	Eden	of	pleasure

ˈeːb nə	diː	ˈvoː gən	diː	ˈvoː gən	a͜ɔχ	ˈdiː zəʁ	brust
eb'ne	**die**	**Wogen,**	**die**	**Wogen**	**auch**	**dieser**	**Brust!**
just (like)	the	waves	the	waves	also	of this	breast

ˈɡryː nəʁ	ʊnt	ˈɡryː nəʁ	ˈma tən	ʊnt	fɛlt
Grüner	**und**	**grüner**	**Matten**	**und**	**Feld,**
greener	and	greener	meads	and	field

ˈfroː əʁ	das	ˈleː bən	ˈʃøː nəʁ	diː	vɛlt
froher	**das**	**Leben,**	**schöner**	**die**	**Welt!**
more joyful	the	life	more beautiful	the	world

fɔrt	a͜ɔs	deːʁ	ˈzɔr gə	ˈdyː stə rəm	tɑːl
Fort	**aus**	**der**	**Sorge**	**düsterem**	**Thal,**
away	from	of	trouble	gloomy	valley

hɪn	ɪn	dɛs	ˈfryː lɪŋs	ˈzɔ nɪ gən	zɑːl
hin	**in**	**des**	**Frühlings**	**sonnigen**	**Saal!**
thither	into	of the	spring	sunny	hall

ˈbʊn təʁ	diː	ˈbluː mən	ˈzyː səʁ	deːʁ	dʊft
Bunter	**die**	**Blumen,**	**süßer**	**der**	**Duft,**
more colorful	the	flowers	sweeter	the	fragrance

ˈha͜e trəʁ	deːʁ	ˈhɪ məl	ˈfrɪ ʃəʁ	diː	lʊft
heit'rer	**der**	**Himmel,**	**frischer**	**die**	**Luft!**
brighter	the	sky	fresher	the	air

ziː	viː	diː	ˈɡɛm zə	hʏpft	ʊnt	das	reː
Sieh',	**wie**	**die**	**Gemse**	**hüpft**	**und**	**das**	**Reh,**
see	how	the	gazelle	leaps	and	the	doe

ʃa͜ɔ	viː	deːʁ	baχ	ˈhɪn ra͜ɔʃt	ɪn	den	zeː
Schau',	**wie**	**der**	**Bach**	**hinrauscht**	**in**	**den**	**See!**
look	how	the	brook	thence rushes	to	the	sea

tsuː	deːʁ	la ˈviː nə	ˈdʊmp fəm	ɡə ˈtøːn
Zu	**der**	**Lawine**	**dumpfem**	**Getön**
along with	of the	avalanche	muffled	sound

ˈha lən	ˈʃal ˌma͜e ən	ˈliːp lɪç	ʊnt	ʃøːn
hallen	**Schalmeien**	**lieblich**	**und**	**schön.**
echo	shawms	sweet	and	lovely

ˈhʏ lət	deːʁ	ˈneː bəl	diː	ˈtɛː ləʁ	hiːr	a͜en
Hüllet	**der**	**Nebel**	**die**	**Thäler**	**hier**	**ein,**
envelops	the	fog	the	valley	here	in

ˈoː bən	ɪst	frɔøt	ɪst	ˈvɔ nɪ gəʁ	ʃa͜en
oben	**ist**	**Freud',**	**ist**	**wonniger**	**Schein.**
above	is	joy	is	blissful	light

ˈdryː bən	ʊnt	ˈdroː bən	vɛː rɪç	zoː	ɡɛrn
Drüben	**und**	**droben**	**wär' ich**	**so**	**gern!**
over there	and	up there	were I	so	gladly

'tɛː ləʁ	ʊnt	'bɛr gə	viː	zaet	iːʁ	zoː	fɛrn
Thäler	**und**	**Berge,**	**wie**	**seid**	**ihr**	**so**	**fern!**
valleys	and	mountains	how	are	you	so	distant

aχ	ʊnt	viː	fɛrn	ɪst	'friː dən	ʊnt	ruː
Ach,	**und**	**wie**	**fern**	**ist**	**Frieden**	**und**	**Ruh',**
ah	and	how	distant	is	peace	and	rest

aχ	ʊnt	viː	'fɛr nə	'liː bə	bɪst	duː
ach,	**und**	**wie**	**ferne,**	**Liebe,**	**bist**	**du!**
ah	and	how	distant	love	are	you

'trɔø mənt	nuːʁ	zeː	ɪç	'roː zən	nɔχ	blyːn
Träumend	**nur**	**seh'**	**ich**	**Rosen**	**noch**	**blüh'n,**
dreaming	only	see	I	roses	still	to bloom

'trɔø mənt	deːʁ	'al pən	'tsɪŋ kən	nuːʁ	glyːn
träumend	**der**	**Alpen**	**Zinken**	**nur**	**glüh'n.**
dreaming	of the	Alps	spikes	only	to glow

'tɛː ləʁ	ʊnt	'bɛr gə	viː	zaet	iːʁ	zoː	fɛrn
Thäler	**und**	**Berge,**	**wie**	**seid**	**ihr**	**so**	**fern!**
valleys	and	mountains	how	are	you	so	distant

'dryː bən	ʊnt	'droː bən	'droː bən	veːr	ɪç	zoː	gɛrn
Drüben	**und**	**droben,**	**droben**	**wär'**	**ich**	**so**	**gern!**
over there	and	up there	up there	were	I	so	gladly

Der Blumenstrauß

music: Felix Mendelssohn
text: Carl Klingemann

deʁ	'bluː mən ˌʃtraos
Der	**Blumenstrauß**
the	flower bouquet

ziː	'van dəlt	ɪm	'bluː mən ˌgar tən
Sie	**wandelt**	**im**	**Blumengarten**
she	ambles	in the	flower garden

ʊnt	'mʊ stəʁt	den	'bʊn tən	floːʁ
und	**mustert**	**den**	**bunten**	**Flor,**
and	inspects	the	colorful	florescence

ʊnt	'a lə	diː	'klae nən	'var tən
und	**alle**	**die**	**Kleinen**	**warten**
and	all	the	little ones	wait

ʊnt	'ʃao ən	tsuː	iːr	ɛm 'poːʁ
und	**schauen**	**zu**	**ihr**	**empor.**
and	gaze	at	her	upwards

ʊnt	zaet	iːʁ	dɛn	'fryː lɪŋs ˌboː tən
»Und	**seid**	**ihr**	**denn**	**Frühlingsboten,**
and	be	you	then	heralds of spring

fɛʁ 'kʏn dənt	vas	steːts	zoː	nɔø
verkündend	**was**	**stets**	**so**	**neu,**
proclaiming	what (is)	continually	so	new

zoː	'veːr dət	aoχ	'mae nə	'boː tən
so	**werdet**	**auch**	**meine**	**Boten**
so	become	also	my	messenger

an	iːn	deːʁ	mɪç	liːpt	zoː	trɔø
an	**ihn,**	**der**	**mich**	**liebt**	**so**	**treu.«**
to	him	the one who	me	loves	so	truly

zo:	'y: bəʁ ˌʃɑ͜ot	zi:	di:	'hɑ: bə
So	**überschaut**	**sie**	**die**	**Habe**
so	views	she	the	things she has (gathered)

ʊnt	'ɔrd nət	den	'li:p lɪ çən	ʃtrɑ͜os
und	**ordnet**	**den**	**lieblichen**	**Strauß,**
and	arranges	the	lovely	bouquet

ʊnt	ra͜eçt	dem	'frɔøn də	di:	'gɑ: bə
und	**reicht**	**dem**	**Freunde**	**die**	**Gabe**
and	gives	to the	friend	the	gift

ʊnt	va͜eçt	'za͜e nəm	'blɪ kə	ɑ͜os
und	**weicht**	**seinem**	**Blicke**	**aus.**
and	turns away	his	glance	from

vas	'blu: mən	ʊnt	'far bən	'ma͜e nən
Was	**Blumen**	**und**	**Farben**	**meinen,**
what	flowers	and	colors	purport

o:	'dɔø tət	o:	frɑːkt	das	nɪçt
o	**deutet,**	**o**	**fragt**	**das**	**nicht,**
oh	explain	oh	ask	that	not

vɛn	ɑ͜os	den	'ɑ͜o gən	de:ʁ	'a͜e nən
wenn	**aus**	**den**	**Augen**	**der**	**Einen**
when	from	the	eyes	of	one

de:ʁ	'zy: sə stə	'fry: lɪŋ	ʃprɪçt
der	**süßeste**	**Frühling**	**spricht.**
to whom	sweetest	spring	speaks

Neue Liebe

music: Felix Mendelssohn
text: Heinrich Heine

'nɔø ə	'li: bə
Neue	**Liebe**
new	love

ɪn	dem	'mo:n dən ˌʃa͜en	ɪm	'val də
In	**dem**	**Mondenschein**	**im**	**Walde**
in	the	moonlight	in the	forest

zɑ:	ɪç	jʏŋst	di:	'ɛl fən	'ra͜e tən
sah	**ich**	**jüngst**	**die**	**Elfen**	**reiten,**
saw	I	recently	the	elves	to ride

'i: rə	'hœr nəʁ	hø:r tɪç	'klɪ ŋən
ihre	**Hörner**	**hört ich**	**klingen,**
their	horns	heard I	to sound

'i: rə	'glœk la͜en	hø:r tɪç	'lɔø tən
ihre	**Glöcklein**	**hört ich**	**läuten.**
their	little bells	hear I	to ring

'i: rə	'va͜e sən	'rœs la͜en	'tru: gən
Ihre	**weißen**	**Rösslein**	**trugen**
their	white	little horses	bore

'gɔld nəs	'hɪrʃ gə ˌva͜e	ʊnt	'flo: gən
goldnes	**Hirschgeweih'**	**und**	**flogen**
golden	stags' antlers	and	flew

raʃ	da ˈhɪn	vi:	ˈvɪl də	ˈʃvɛː nə
rasch	**dahin**	**wie**	**wilde**	**Schwäne**
swiftly	along	like	wild	swans

kɑːm	ɛs	dʊrç	di:	lʊft	gə ˈtsoː gən
kam	**es**	**durch**	**die**	**Luft**	**gezogen.**
came	they	through	the	air	moving

ˈlɛ çəlnt	ˈnɪk tə	miːʁ	di:	ˈkøːn gɪn
Lächelnd	**nickte**	**mir**	**die**	**Kön'gin,**
smiling	nodded	to me	the	queen

ˈlɛ çəlnt	ɪm	foː ˈry: bəʁ ˌra͡e tən
lächelnd	**im**	**Vorüberreiten.**
smiling	in the	riding by

galt	das	ˈma͡e nəʁ	ˈnɔ͡ø ən	ˈli: bə
Galt	**das**	**meiner**	**neuen**	**Liebe?**
was intended	that	for my	new	love

ˈoː dəʁ	zɔl	ɛs	toːt	bə ˈdɔ͡ø tən
Oder	**soll**	**es**	**Tod**	**bedeuten?**
or	shall	it	death	portend

Abendempfindung

music: Wolfgang Amadeus Mozart
text: Joachim Heinrich Campe

ˈɑː bənt ɛmp ˌfɪn dʊŋ
Abendempfindung
evening sentiment

ˈɑː bənt	ɪsts	di:	ˈzɔ nə	ɪst	fɛʁ ˈʃvʊn dən
Abend	**ist's,**	**die**	**Sonne**	**ist**	**verschwunden,**
evening	is it	the	sun	is [has]	disappeared

ʊnt	deːʁ	moːnt	ʃtraːlt	ˈzɪl bər ˌglants
und	**der**	**Mond**	**strahlt**	**Silberglanz;**
and	the	moon	radiates	silver gleam

zoː	ɛnt ˈfliːn	dɛs	ˈleː bəns	ˈʃøːn stə	ˈʃtʊn dən
so	**entflieh'n**	**des**	**Lebens**	**schönste**	**Stunden,**
thus	pass quickly	of	life	most beautiful	hours

fliːn	foː ˈry:bəʁ	ˈvi:	ɪm	tants
fliehn	**vorüber**	**wie**	**im**	**Tanz.**
flee	by	like	in	dance

balt	ɛnt ˈfliːt	dɛs	ˈleː bəns	ˈbʊn tə	ˈstseː nə
Bald	**entflieht**	**des**	**Lebens**	**bunte**	**Szene,**
soon	passes quickly	of	life	colorful	scene

ʊnt	deːʁ	ˈfoːʁ haŋ	rɔlt	hɛ ˈrap
und	**der**	**Vorhang**	**rollt**	**herab;**
and	the	curtain	rolls	down

a͡os	ɪst	ˈʊn zəʁ	ʃpiːl	dɛs	ˈfrɔ͡øn dəs	ˈtrɛː nə
aus	**ist**	**unser**	**Spiel!**	**des**	**Freundes**	**Träne**
finished	is	our	play	of	friends	tears

ˈfliː sət	ʃoːn	a͡of	ˈʊn zəʁ	grɑːp
fließet	**schon**	**auf**	**unser**	**Grab.**
flow	already	upon	our	grave

balt fi: ˈlaeçt miːʁ veːt vi: ˈvɛst vɪnt ˈlae zə
Bald vielleicht (mir weht, wie Westwind leise,
soon perhaps me flutters like west wind gentle

ˈae nə ˈʃtɪ lə ˈa: nʊŋ tsu:
eine stille Ahnung zu),
a quiet presentiment to

ʃliːs ɪç ˈdi: zəs ˈle: bəns ˈpɪl gəʁ ˌrae zə
Schließ' ich dieses Lebens Pilgerreise,
end I of this life pilgrim journey

ˈfli: gə ɪn das lant deːʁ ru:
fliege in das Land der Ruh.
fly to the land of repose

veːrt iːʁ dan an ˈmae nəm ˈgrɑ: bə ˈvae nən
Werd't ihr dann an meinem Grabe weinen,
shall you then at my grave weep

ˈtrao əʁnt ˈmae nə ˈa ʃə ze:n
trauernd meine Asche seh'n,
mourning my ashes (shall) see

dan o: ˈfrɔøn də vɪ lɪç ɔøç ɛʁ ˈʃae nən
dann, o Freunde, will ich euch erscheinen
then o friends will I to you appear

ʊnt vɪl ˈhɪ məl aof ɔøç ve:n
und will Himmel auf euch weh'n.
and will heaven upon you waft

ʃɛŋk aoχ du: aen ˈtrɛ:n çən miːʁ
Schenk auch du ein Tränchen mir
bestow also you a little tear to me

ʊnt ˈpflʏ kə miːʁ aen ˈfael çən aof maen grɑ:p
und pflücke mir ein Veilchen auf mein Grab,
and pick for me a violet for my grave

ʊnt mɪt ˈdae nəm ˈze: lən ˌfɔ lən ˈblɪ kə
und mit deinem seelenvollen Blicke
and with your soulful gaze

zi: dan zanft aof mɪç hɛ ˈrap
sieh dann sanft auf mich herab.
look then tenderly on me down

vae miːʁ ae nə ˈtre: nə ʊnt aχ
Weih mir eine Träne, und ach!
consecrate to me a tear and ah

ˈʃɛ: mə dɪç nu:ʁ nɪçt zi: miːʁ tsu: vaen
schäme dich nur nicht, sie mir zu weih'n;
be ashamed only not it to me to consecrate

o: zi: vɪrt ɪn ˈmae nəm di a ˈde: mə
o, sie wird in meinem Diademe
oh it will in my diadem

dan di: ˈʃøːn stə ˈpɛr lə zaen
dann die schönste Perle sein!
then the most beautiful pearl be

Als Luise die Briefe ihres ungetreuen Liebhabers verbrannte

music: Wolfgang Amadeus Mozart
text: Gabriele von Baumberg

als lu ˈiː zə diː ˈbriː fə ˈiː ʁəs ˈʊn gə ˌtrɔ͡ø ən ˈliːp haː bəʁs fɛʁ ˈbran tə
Als Luise die Briefe ihres ungetreuen Liebhabers verbrannte
as Luisa the letters of her unfaithful lover burned

ɛʁ ˈts͡ɔøkt fɔn ˈhae͡ səʁ fan ta ˈziː
Erzeugt von heißer Phantasie,
begot from passionate fancy

ɪn ˈae͡ nəʁ ˈʃvɛːr mə ˌrɪ ʃən ˈʃtʊn də
in einer schwärmerischen Stunde
in a rapturous hour

tsuːʁ vɛlt gə ˈbraχ tə geːt tsuː ˈgrʊn də
zur Welt gebrachte, geht zu Grunde!
to the world brought [zugrunde gehen] perish

iːʁ ˈkɪn dəʁ deːʁ me laŋ ko ˈliː
ihr Kinder der Melancholie!
you children of melancholy

iːʁ ˈdaŋ kət ˈfla mən ˈɔ͡ø ər za͡en
Ihr danket Flammen euer Sein:
you owe flames (for) your being

ɪç geːb ɔ͡øç nuːn den ˈfla mən ˈviː dəʁ
ich geb' euch nun den Flammen wieder,
I give you now the flames back

ʊnt al diː ˈʃvɛːr mə ˌrɪ ʃən ˈliː dəʁ
und all die schwärmerischen Lieder;
and all the rapturous songs

dɛn aχ eːʁ zaŋ nɪçt miːʁ a ˈla͡en
denn ach! er sang nicht mir allein.
for alas he sang not to me only

iːʁ ˈbrɛ nət nuːn ʊnt balt iːʁ ˈliː bən
Ihr brennet nun, und bald, ihr Lieben,
you are on fire now and soon you dear ones

ɪst ˈka͡e nə ʃpuːʁ fɔn ɔ͡øç meːʁ hiːʁ
ist keine Spur von euch mehr hier:
is no trace of you anymore here

dɔχ aχ deːʁ man deːʁ ɔ͡øç gə ˈʃriː bən
doch ach! der Mann, der euch geschrieben,
yet alas the man who you wrote

brɛnt ˈla ŋə nɔχ fiː ˈla͡eçt ɪn miːʁ
brennt lange noch vielleicht in mir.
burns long time still perhaps in me

Das Veilchen

music: Wolfgang Amadeus Mozart

text: Johann Wolfgang von Goethe

das	ˈfael çən				
Das	**Veilchen**				
the	violet				

aen	ˈfael çən	aof	deːʁ	ˈviː zə	ʃtant
Ein	**Veilchen**	**auf**	**der**	**Wiese**	**stand,**
a	violet	upon	the	meadow	was

gə ˈbʏkt	ɪn	zɪç	ʊnt	ˈʊn bə kant	
gebückt	**in**	**sich**	**und**	**unbekannt;**	
bent down	into	itself	and	unaware	

ɛs	vɑːr	aen	ˈhɛr tsɪks	ˈfael çən	
es	**war**	**ein**	**herzigs**	**Veilchen.**	
it	was	a	lovely	violet	

dɑː	kɑːm	aen	ˈjʊ ŋə	ˈʃɛː fə rɪn	
Da	**kam**	**ein'**	**junge**	**Schäferin**	
there	came	a	young	shepherdess	

mɪt	ˈlaeç təm	ʃrɪt	ʊnt	ˈmʊn təʁm	zɪn
mit	**leichtem**	**Schritt**	**und**	**munterm**	**Sinn**
with	light	step	and	cheerful	disposition

da ˈheːʁ	da ˈheːʁ				
daher,	**daher,**				
thence	thence				

diː	ˈviː zə	heːʁ	ʊnt	zaŋ	
die	**Wiese**	**her**	**und**	**sang.**	
the	meadow	hither	and	sang	

aχ	dɛnkt	das	ˈfael çən	veːr	ɪç	nuːʁ
»Ach,«	**denkt**	**das**	**Veilchen,**	**»wär'**	**ich**	**nur**
ah	thinks	the	violet	were	I	only

diː	ˈʃøːn stə	ˈbluː mə	deːʁ	na ˈtuːʁ	
die	**schönste**	**Blume**	**der**	**Natur,**	
the	most beautiful	flower	of	nature	

aχ	nuːʁ	aen	ˈklae nəs	ˈvael çən	
ach,	**nur**	**ein**	**kleines**	**Weilchen,**	
ah	only	a	little	while	

bɪs	mɪç	das	ˈliː pçən	ˈap gə ˌpflʏkt	
bis	**mich**	**das**	**Liebchen**	**abgepflückt**	
until	me	the	sweetheart	plucked off	

ʊnt	an	dem	ˈbuː zən	mat	gə ˈdrʏkt
und	**an**	**dem**	**Busen**	**matt**	**gedrückt,**
and	on	the	bosom	flatly	pressed

aχ	nuːʁ	aχ	nuːʁ		
ach	**nur,**	**ach**	**nur**		
ah	only	ah	only		

aen	ˈfɪr təl ˌʃtʏnt çən	laŋ			
ein	**Viertelstündchen**	**lang! «**			
a	quarter of an hour	long			

aχ	ˈɑː bəʁ	aχ	das	ˈmɛːt çən	kɑːm
Ach!	**Aber**	**ach!**	**das**	**Mädchen**	**kam**
ah	but	alas	the	maiden	came

ʊnt	nɪçt	ɪn	aχt	das	ˈfael çən	nɑːm
und	**nicht**	**in**	**acht**	**das**	**Veilchen**	**nahm,**
and	not	in	heed of	the	violet	took

ɛʁ 'traːt das 'ar mə 'fael çən
ertrat das arme Veilchen.
tread on the poor violet

ɛs zaŋk ʊnt ʃtarp ʊnt frɔøt zɪç nɔχ
Es sank und starb und freut' sich noch:
it sank and died and rejoiced yet

ʊnt ʃtɛr bɪç den zoː ʃtɛr bɪç dɔχ
»Und sterb' ich denn, so sterb' ich doch
and die I then so die I at least

dʊrç ziː dʊrç ziː
durch sie, durch sie,
through her through her

tsuː 'iː rən 'fyː sən dɔχ
zu ihren Füßen doch.«
at her feet at least

das 'ar mə 'fael çən
Das arme Veilchen!
the poor violet

ɛs vaːr aen 'hɛr tsɪks 'fael çən
Es war ein herzigs Veilchen.
it was a lovely violet

An die Musik
music: Franz Schubert
text: Franz von Schober

an diː mu 'zik
An die Musik
to the music

duː 'hɔl də kʊnst ɪn 'viː fiːl 'graͦ ən 'ʃtʊn dən
Du holde Kunst, in wieviel grauen Stunden,
you lovely art in how many grey hours

voː mɪç dɛs 'leː bəns 'vɪl dəʁ kraes ʊm 'ʃtrɪkt
wo mich des Lebens wilder Kreis umstrickt,
where me of life wild circle ensnares

hast duː maen hɛrts tsuː 'var məʁ liːp ɛnt 'tsʊn dən
hast du mein Herz zu warmer Lieb entzunden,
have you my heart to warmer love kindled

hast mɪç ɪn 'ae nə 'bɛs rə vɛlt ɛnt 'rʏkt
hast mich in eine bessre Welt entrückt.
have (you) me to a better world carried away

ɔft hat aen 'zɔøf tsər 'dae nər harf ɛnt 'flɔ sən
Oft hat ein Seufzer, deiner Harf entflossen,
often has a sigh from your harp emanated

aen 'zyː sər 'hae lɪ gər a 'kɔrt fɔn diːʁ
ein süßer, heiliger Akkord von dir,
a sweet holy chord from you

den 'hɪ məl 'bɛs rəʁ 'tsae tən miːr ɛʁ 'ʃlɔ sən
den Himmel bessrer Zeiten mir erschlossen,
the heaven of better times to me opened up

duː 'hɔl də kʊnst ɪç 'daŋ kə diːʁ da 'fyːʁ
du holde Kunst, ich danke dir dafür,
you lovely art I thank you in return for it

duː 'hɔl də kʊnst ɪç 'daŋ kə diːʁ
du holde Kunst, ich danke dir.
you lovely art I thank you

Auf dem Wasser zu singen

music: Franz Schubert
text: Friedrich Leopold Graf zu Stolberg

ɑ͡of	dem	ˈva sɐʁ	tsuː	ˈzɪ ŋən
Auf	dem	Wasser	zu	singen
upon	the	water	for	to sing

ˈmɪ tən	ɪm	ˈʃlɪ mɐʁ	deːʁ	ˈʃpiː gəln dən	ˈvɛ lən
Mitten	im	Schimmer	der	spiegelnden	Wellen
middle (of)	in the	shimmer	of the	reflecting	waves

ˈɡla͡e tət	viː	ˈʃvɛː nə	deːʁ	ˈvaŋ kən də	kɑːn
gleitet,	wie	Schwäne,	der	wankende	Kahn.
glides	like	swans	the	wavering	boat

aχ	ɑ͡of	deːʁ	ˈfrɔ͡ø də	zanft	ˈʃɪ mɐʁn dən	ˈvɛ lən
Ach,	auf	der	Freude	sanft	schimmernden	Wellen
ah	on	of the	joy	soft	shimmering	waves

ˈɡla͡e tət	diː	ˈzeː lə	da ˈhɪn	viː	deːʁ	kɑːn
gleitet	die	Seele	dahin	wie	der	Kahn.
glides	the	soul	along	like	the	boat

dɛn	fɔn	deːm	ˈhɪ məl	hɛ ˈrap	ɑ͡of	diː	ˈvɛ lən
Denn	von	dem	Himmel	herab	auf	die	Wellen
for	from	the	heaven	downward	upon	the	waves

ˈtan tsət	das	ˈɑː bənt ˌroːt	rʊnt	ʊm	deːn	kɑːn
tanzet	das	Abendrot	rund	um	den	Kahn.
dances	the	sunset	round	about	the	boat

ˈyː bɐʁ	deːn	ˈvɪp fəln	dɛs	ˈvɛst lɪ çən	ˈha͡e nəs
Über	den	Wipfeln	des	westlichen	Haines
over	the	treetops	of the	western	grove

ˈvɪŋ kət	ʊns	ˈfrɔ͡ønt lɪç	deːʁ	ˈrøːt lɪ çə	ʃa͡en
winket	uns	freundlich	der	rötliche	Schein.
beckons	to us	friendly	the	reddish	sheen

ˈʊn tɐʁ	deːn	ˈtsva͡e ɡən	dɛs	ˈœst lɪ çən	ˈha͡e nəs
Unter	den	Zweigen	des	östlichen	Haines
under	the	branches	of the	eastern	grove

ˈzɔ͡ø zəlt	deːʁ	ˈkal mʊs	ɪm	ˈrøːt lɪ çən	ʃa͡en
säuselt	der	Kalmus	im	rötlichen	Schein.
russles	the	calamus	in the	reddish	sheen

ˈfrɔ͡ø də	dɛs	ˈhɪ məls	ʊnt	ˈruː ə	dɛs	ˈha͡e nəs
Freude	des	Himmels	und	Ruhe	des	Haines
joy	of the	heaven	and	peace	of the	grove

ˈɑːt mət	diː	zeːl	ɪm	ɛʁ ˈrøː tən dən	ʃa͡en
atmet	die	Seel	im	errötenden	Schein.
breathes	the	soul	in the	reddening	glow

aχ	ɛs	ɛnt ˈʃvɪn dət	mɪt	ˈtɑ͡o i ɡəm	ˈflyː ɡəl
Ach,	es	entschwindet	mit	tauigem	Flügel
ah	it	vanishes	with	dewy	wing

miːʁ	ɑ͡of	den	ˈviː ɡən dən	ˈvɛ lən	diː	tsa͡et
mir	auf	den	wiegenden	Wellen	die	Zeit.
to me	upon	the	rocking	waves	the	time

ˈmɔr ɡən	ɛnt ˈʃvɪn dət	mɪt	ˈʃɪ mɐʁn dəm	ˈflyː ɡəl
Morgen	entschwindet	mit	schimmerndem	Flügel
tomorrow	vanishes	with	shimmering	wing

ˈviː dɐʁ	viː	ˈɡɛ stərn	ʊnt	ˈhɔ͡ø tə	diː	tsa͡et
wieder	wie	gestern	und	heute	die	Zeit,
again	like	yesterday	and	today	the	time

bɪs	ɪç	a͡of	ˈhøː ə rəm	ˈʃtraː lən dən	ˈflyː gəl
bis	**ich**	**auf**	**höherem**	**strahlenden**	**Flügel**
until	I	on	loftier	radiant	wing

ˈzɛl bəʁ	ɛnt ˈʃvɪn də	deːʁ	ˈvɛk səln dən	tsa͡et
selber	**entschwinde**	**der**	**wechselnden**	**Zeit.**
myself	vanish	to the	changing	time

Der Musensohn

music: Franz Schubert
text: Johann Wolfgang von Goethe

deːʁ	ˈmʊ zən ˌzoːn
Der	**Musensohn**
the	muses' son

dʊrç	fɛlt	ʊnt	valt	tsuː	ˈʃva͡e fən
Durch	**Feld**	**und**	**Wald**	**zu**	**schweifen,**
through	field	and	forest	to	roam

ma͡en	ˈliː tçən	ˈvɛk tsuː ˌpfa͡e fən
mein	**Liedchen**	**wegzupfeifen,**
my	little song	away to whistle

zoː	geːts	fɔn	ɔrt	tsuː	ɔrt
so	**geht's**	**von**	**Ort**	**zu**	**Ort.**
so	goes it	from	place	to	place

ʊnt	naːχ	deːm	ˈtak tə	ˈreː gət
Und	**nach**	**dem**	**Takte**	**reget**
and	to	the	beat	animates

ʊnt	naːχ	deːm	maːs	bə ˈveː gət
und	**nach**	**dem**	**Maß**	**beweget**
and	to	the	measure	moves

zɪç	ˈa ləs	an	miːʁ	fɔrt
sich	**alles**	**an**	**mir**	**fort.**
itself	everything	by	me	forth

ɪç	kan	ziː	ka͡om	ɛʁ ˈvar tən
Ich	**kann**	**sie**	**kaum**	**erwarten,**
I	can	them	scarcely	wait for

diː	ˈeːr stə	bluːm	ɪm	ˈgar tən
die	**erste**	**Blum**	**im**	**Garten,**
the	first	flower	in the	garden

diː	ˈeːr stə	blyːt	am	ba͡om
die	**erste**	**Blüt**	**am**	**Baum.**
the	first	bloom	on the	tree

ziː	ˈgryː sən	ˈma͡e nə	ˈliː dəʁ
Sie	**grüßen**	**meine**	**Lieder,**
they	greet	my	songs

ʊnt	kɔmt	deːʁ	ˈvɪn təʁ	ˈviː dəʁ
und	**kommt**	**der**	**Winter**	**wieder,**
and	(when) comes	the	winter	again

zɪŋ	ɪç	nɔχ	ˈjeː nən	tra͡om
sing	**ich**	**noch**	**jenen**	**Traum.**
sing	I	still	that	dream

ɪç	zɪŋ	iːn	ɪn	deːʁ	ˈva͡e tə
Ich	**sing**	**ihn**	**in**	**der**	**Weite,**
I	sing	it	in	the	distance

42

aof 'ae zəs lɛŋ ʊnt 'brae tə
auf **Eises** **Läng'** **und** **Breite,**
on of ice length and breadth

da: bly:t de:ʁ 'vɪn təʁ ʃø:n
da **blüht** **der** **Winter** **schön.**
there blooms the winter beautiful

aoχ 'di: zə 'bly: tə 'ʃvɪn dət
Auch **diese** **Blüte** **schwindet,**
also this blossom disappears

ʊnt 'nɔø ə 'frɔø də 'fɪn dət
und **neue** **Freude** **findet**
and new joy finds

zɪç aof bə 'bɔø tən hø:n
sich **auf** **bebauten** **Höhn.**
itself on cultivated hills

dɛn vi: ɪç bae de:ʁ 'lɪn də
Denn **wie** **ich** **bei** **der** **Linde**
then as I by the linden tree

das 'jʊ ŋə 'fœlk çən 'fɪn də
das **junge** **Völkchen** **finde,**
the young folk find

zo 'glaeç ɛʁ 're: gɪç zi:
sogleich **erreg ich** **sie.**
instantly excite I them

de:ʁ 'ʃtʊm pfə 'bʊr ʃə blɛ:t zɪç
Der **stumpfe** **Bursche** **bläht sich,**
the dull fellow puffs up himself

das 'ʃtae fə 'mɛ:t çən dre:t zɪç
das **steife** **Mädchen** **dreht** **sich**
the stiff girl twirls herself

na:χ 'mae nər me lo 'di:
nach **meiner** **Melodie.**
to my melody

i:ʁ ge:pt den 'zo: lən 'fly: gəl
Ihr **gebt** **den** **Sohlen** **Flügel**
you give the soles wings

ʊnt traept dʊrç ta:l ʊnt 'hy: gəl
und **treibt** **durch** **Tal** **und** **Hügel**
and drive through vale and hill

den 'li:p lɪŋ vaet fɔn haos
den **Liebling** **weit** **von** **Haus.**
the darling far from home

i:ʁ 'li: bən 'hɔl dən 'mu: zən
Ihr **lieben,** **holden** **Musen,**
you dear gracious muses

van ru: ɪç i:ʁ am 'bu: zən
wann **ruh** **ich** **ihr** **am** **Busen**
when repose I to her on the bosom

aoχ 'ɛnt lɪç 'vi: dəʁ aos
auch **endlich** **wieder** **aus?**
also at last again — [upon; ausruhen, a separable verb, = to repose]

Die Forelle

music: Franz Schubert
text: Christian Friedrich Daniel Schubart

di:	fo ˈrɛ lə		
Die	**Forelle**		
the	trout		

ɪn	ˈae͡ nəm	ˈbɛç la͡en	ˈhɛ lə
In	**einem**	**Bächlein**	**helle,**
in	a	little brook	clear

dɑ:	ʃɔs	ɪn	ˈfro: əʁ	ae͡l
da	**schoss**	**in**	**froher**	**Eil**
there	darted	in	joyful	haste

di:	ˈla͡o nɪ ʃə	fo ˈrɛ lə	
die	**launische**	**Forelle**	
the	peevish	trout	

fo: ˈry: bəʁ	vi:	ae͡n	pfa͡el
vorüber	**wie**	**ein**	**Pfeil.**
along	like	an	arrow

ɪç	ʃtant	an	dem	gə ˈʃta: də
Ich	**stand**	**an**	**dem**	**Gestade**
I	stood	on	the	bank

ʊnt	zɑ:	ɪn	ˈzy: səʁ	ru:
und	**sah**	**in**	**süßer**	**Ruh**
and	looked	in	sweet	repose

dɛs	ˈmʊn təʁn	ˈfɪʃ la͡ens	ˈba: də
des	**muntern**	**Fischleins**	**Bade**
of the	merry	little fish	bath

ɪm	ˈkla: rən	ˈbɛç la͡en	tsu:
im	**klaren**	**Bächlein**	**zu.**
in the	clear	little brook	at

ae͡n	ˈfɪ ʃəʁ	mɪt	de:ʁ	ˈru: tə
Ein	**Fischer**	**mit**	**der**	**Rute**
A	fisherman	with	the	rod

vo:l	an	de:m	ˈʊ: fəʁ	ʃtant
wohl	**an**	**dem**	**Ufer**	**stand**
indeed	on	the	bank	stood

ʊnt	zɑ:s	mɪt	ˈkal təm	ˈblu: tə
und	**sah's**	**mit**	**kaltem**	**Blute,**
and	saw it	with	cold	blood

vi:	zɪç	das	ˈfɪʃ la͡en	vant
wie	**sich**	**das**	**Fischlein**	**wand.**
how	itself	the	little fish	wriggled

zo:	laŋ	de:m	ˈva səʁ	ˈhɛ lə
So	**lang**	**dem**	**Wasser**	**Helle,**
as	long as	to the	water	clearness

zo:	daχt	ɪç	nɪçt	gə ˈhrɪçt
so	**dacht**	**ich,**	**nicht**	**gebricht,**
so	thought	I	not	is lacking

zo:	fɛŋt	e:ʁ	di:	fo ˈrɛ lə
so	**fängt**	**er**	**die**	**Forelle**
so	catches	he	the	trout

mɪt	ˈzaͤe nəʁ	ˈa ŋəl	nɪçt
mit	**seiner**	**Angel**	**nicht.**
with	his	fishing tackle	not

dɔχ	ˈɛnt lɪç	vart	dem	ˈdiː bə
Doch	**endlich**	**ward**	**dem**	**Diebe**
But	finally	became	for the	thief

diː	tsaͤet	tsuː	laŋ	eːʁ	maχt
die	**Zeit**	**zu**	**lang.**	**Er**	**macht**
the	time	too	long	He	made

das	ˈbɛç laͤen	ˈtʏ kɪʃ	ˈtryː bə
das	**Bächlein**	**tückisch**	**trübe,**
the	little brook	malicious	muddy

ʊnt	eː	ɪç	ɛs	gə ˈdaχt
und	**eh**	**ich**	**es**	**gedacht,**
and	before	I	it	realized

zoː	ˈtsʊk tə	ˈzaͤe nə	ˈruː tə
so	**zuckte**	**seine**	**Rute,**
so	(he) jerked	his	rod

das	ˈfɪʃ laͤen	ˈtsa pəlt	dran
das	**Fischlein**	**zappelt**	**dran,**
the	little fish	dangled	thereon

ʊnt	ɪç	mɪt	ˈreː gəm	ˈbluː tə
und	**ich**	**mit**	**regem**	**Blute**
and	I	with	aroused	blood

zaː	diː	bə ˈtroːg nə	an
sah	**die**	**Betrogne**	**an.**
looked	the	deceived one	at

Du bist die Ruh

music: Franz Schubert
text: Friedrich Rückert

duː	bɪst	diː	ruː
Du	**bist**	**die**	**Ruh,**
you	are	the	repose

deːʁ	ˈfriː də	mɪlt
der	**Friede**	**mild,**
the	peace	gentle

diː	ˈzeːn zʊχt	duː
die	**Sehnsucht**	**du,**
the	longing	you

ʊnt	vas	ziː	ʃtɪlt
und	**was**	**sie**	**stillt.**
and	that which	it	appeases

ɪç	ˈvaͤe ə	diːr
Ich	**weihe**	**dir**
I	consecrate	to you

fɔl	lʊst	ʊnt	ʃmɛrts
voll	**Lust**	**und**	**Schmerz**
full (of)	pleasure	and	pain

tsuːʁ	ˈvoː nʊŋ	hiːʁ
zur	**Wohnung**	**hier**
for	dwelling place	here

ma͜en	a͜ok	ʊnt	hɛrts
mein	**Aug**	**und**	**Herz.**
my	eye	and	heart

keːr	a͜en	ba͜e	miːʁ
Kehr	**ein**	**bei**	**mir,**
lodge	in	by	me

ʊnt	ˈʃliː sə	duː
und	**schließe**	**du**
and	close	you

ʃtɪl	ˈhɪn təʁ	diːʁ
still	**hinter**	**dir**
quietly	behind	you

diː	ˈpfɔr tən	tsuː
die	**Pforten**	**zu.**
the	gates	shut

tra͜ep	ˈan dəʁn	ʃmɛrts
Treib	**andern**	**Schmerz**
drive	other	pain

a͜os	ˈdiː zəʁ	brʊst
aus	**dieser**	**Brust.**
out of	this	breast

fɔl	za͜e	diːs	hɛrts
Voll	**sei**	**dies**	**Herz**
full	be	this	heart

fɔn	ˈda͜e nəʁ	lʊst
von	**deiner**	**Lust.**
of	your	pleasure

diːs	ˈa͜o gən ˌtsɛlt
Dies	**Augenzelt,**
this	eyes' tabernacle

fɔn	ˈda͜e nəm	glants
von	**deinem**	**Glanz**
from	your	radiance

a ˈla͜en	ɛʁ ˈhɛlt	
allein	**erhellt,**	
only	brightens	

ɔː	fʏl	ɛs	gants
o	**füll**	**es**	**ganz.**
oh	fill	it	completely

Gretchen am Spinnrade

music: Franz Schubert
text: Johann Wolfgang von Goethe

'gre: tçən	am	'ʃpɪn rɑ: də
Gretchen	**am**	**Spinnrade**
Gretchen	at the	spinning wheel

'mae nə	ru:	ɪst	hɪn
Meine	**Ruh**	**ist**	**hin,**
my	peace	is	gone

maen	hɛrts	ɪst	ʃve:ʁ
mein	**Herz**	**ist**	**schwer,**
my	heart	is	heavy

ɪç	'fɪn də	zi:	'nɪ məʁ
ich	**finde**	**sie**	**nimmer**
I	find	it	never

ʊnt	'nɪ məʁ ˌme:ʁ
und	**nimmermehr.**
and	nevermore

vo:	ɪç	i:n	nɪçt	hɑ:p
Wo	**ich**	**ihn**	**nicht**	**hab,**
where	I	him	not	have

ɪst	mi:ʁ	das	grɑ:p
ist	**mir**	**das**	**Grab,**
is	to me	the	grave

di:	'gan tsə	vɛlt
die	**ganze**	**Welt**
the	whole	world

ɪst	mi:ʁ	fɛʁ 'gɛlt
ist	**mir**	**vergällt.**
is	to me	made bitter

maen	'ar məʁ	kɔpf
Mein	**armer**	**Kopf**
my	poor	head

ɪst	mi:ʁ	fɛʁ 'rʏkt
ist	**mir**	**verrückt,**
is	to me	deranged

maen	'ar məʁ	zɪn
mein	**armer**	**Sinn**
my	poor	mind

ɪst	mi:r	tsɛʁ 'ʃtʏkt
ist	**mir**	**zerstückt.**
is	to me	torn to pieces

naχ	i:m	nu:ʁ	ʃao	ɪç
Nach	**ihm**	**nur**	**schau**	**ich**
for	him	only	look	I

tsʊm	'fɛn stəʁ	hɪ 'naos
zum	**Fenster**	**hinaus,**
at the	window	out

naχ	i:m	nu:ʁ	ge:	ɪç
nach	**ihm**	**nur**	**geh**	**ich**
for	him	only	go	I

aos	dem	haos
aus	**dem**	**Haus.**
out	of the	house

zaͤen 'ho: ɘʁ gaŋ
Sein hoher Gang,
his proud carriage

zaͤen 'e:d lə gə 'ʃtalt
sein' edle Gestalt,
his noble stature

'zaͤe nəs 'mʊn dəs 'lɛ çəln
seines Mundes Lächeln,
of his mouth smile

'zaͤe nəʁ 'aͦo gən gə 'valt
seiner Augen Gewalt,
of his eyes power

ʊnt 'zaͤe nəʁ 're: də
Und seiner Rede
and of his words

'tsaͦo bəʁ ˌflʊs
Zauberfluss,
magic flow

zaͤen 'hɛn də ˌdrʊk
sein Händedruck,
his hand clasp

ʊnt aχ zaͤen kʊs
und ach, sein Kuss!
and ah his kiss

maͤen 'bu: zən drɛŋt
Mein Busen drängt
my bosom urges

zɪç na:χ i:m hɪn
sich nach ihm hin,
itself toward him thither

aχ dʏrft ɪç 'fa sən
ach dürft' ich fassen
ah might be allowed I to grasp

ʊnt 'hal tən i:n
und halten ihn,
and to hold him

ʊnt 'kʏ sən i:n
und küssen ihn,
and to kiss him

zo: vi: ɪç vɔlt
so wie ich wollt',
as how I would

an 'zaͤe nən 'kʏ sən
an seinen Küssen
at his kisses

fɛʁ 'ge: ən zɔlt
vergehen sollt'.
die (I) should

48

Lachen und Weinen
music: Franz Schubert
text: Friedrich Rückert

'la χən	ʊnt	vae‿nən	tsu:	'je:k lɪ çəʁ	'ʃtʊn də
Lachen	**und**	**Weinen**	**zu**	**jeglicher**	**Stunde**
laughing	and	crying	at	every	hour

ru:t	bae	de:ʁ	li:p	aof	zo:	'man çəʁ ˌlae	'grʊn də
ruht	**bei**	**der**	**Lieb**	**auf**	**so**	**mancherlei**	**Grunde.**
rests	in the case	of	love	upon	so	many a various	cause

'mɔr gəns	laχt	ɪç	fo:ʁ	lʊst
Morgens	**lacht'**	**ich**	**vor**	**Lust;**
in the morning	laughed	I	for	joy

ʊnt	va 'rʊm	ɪç	nu:n	'vae nə
und	**warum**	**ich**	**nun**	**weine**
and	why	I	now	weep

bae	dɛs	'a: bən dəs	'ʃae nə
bei	**des**	**Abendes**	**Scheine,**
at	of the	evening	light

ɪst	mi:ʁ	zɛlp	nɪçt	bə 'vʊst
ist	**mir**	**selb'**	**nicht**	**bewusst.**
is	to me	myself	not	known

'vae nən	ʊnt	'la χən	tsu:	'je:k lɪ çəʁ	'ʃtʊn də
Weinen	**und**	**Lachen**	**zu**	**jeglicher**	**Stunde**
crying	and	laughing	at	every	hour

ru:t	bae	de:ʁ	li:p	aof	zo:	'man çəʁ ˌlae	'grʊn də
ruht	**bei**	**der**	**Lieb**	**auf**	**so**	**mancherlei**	**Grunde.**
rests	in the case	of	love	upon	so	many a various	cause

'a: bənds	vaent	ɪç	fo:ʁ	ʃmɛrts
Abends	**weint'**	**ich**	**vor**	**Schmerz;**
in the evening	wept	I	for	pain

ʊnt	va 'rʊm	du:	ɛʁ 'va χən
und	**warum**	**du**	**erwachen**
and	why	you	awake

kanst	am	'mɔr gən	mɪt	'la χen
kannst	**am**	**Morgen**	**mit**	**Lachen,**
can	in the	morning	with	laughing

mʊs	ɪç	dɪç	'fra: gən	o:	hɛrts
muss	**ich**	**dich**	**fragen,**	**o**	**Herz.**
must	I	you	ask	o	heart

Nacht und Träume
music: Franz Schubert
text: Matthäus von Collin

naχt	ʊnt	'trɔø mə
Nacht	**und**	**Träume**
night	and	dreams

'hael gə	naχt	du:	'zɪŋ kəst	'ni: dər
Heil'ge	**Nacht,**	**du**	**sinkest**	**nieder!**
holy	night	you	sink	down

'ni: dɐʁ	'va lən	a͡ox	di:	'trɔø mə
Nieder	**wallen**	**auch**	**die**	**Träume,**
down	float	also	the	dreams

vi:	da͡en	'moːnt lɪçt	dʊrç	di:	'rɔ͡ø mə
wie	**dein**	**Mondlicht**	**durch**	**die**	**Räume,**
like	your	moonlight	through	the	spaces

dʊrç	deːʁ	'mɛn ʃən	'ʃtɪ lə	brʊst
durch	**der**	**Menschen**	**stille**	**Brust.**
through	of the	human beings	quiet	breast

di:	bə 'la͡o ʃən	zi:	mɪt	lʊst
Die	**belauschen**	**sie**	**mit**	**Lust,**
them	listen to	they	with	pleasure

'ru: fən	vɛn	deːʁ	taːk	ɛʁ 'vaχt
rufen,	**wenn**	**der**	**Tag**	**erwacht:**
(they) call	when	the	day	awakes

'keː rə	'vi: dɐʁ	'ha͡el gə	naχt
kehre	**wieder,**	**heil'ge**	**Nacht,**
return	again	holy	night

'hɔl də	'trɔ͡ø mə	'keː rət	'vi: dɐʁ
holde	**Träume,**	**kehret**	**wieder.**
lovely	dreams	return	again

Rastlose Liebe
music: Franz Schubert
text: Johann Wolfgang von Goethe

'rast loː zə	'li: bə
Rastlose	**Liebe**
restless	love

deːm	ʃneː	deːm	're: gən
Dem	**Schnee,**	**dem**	**Regen,**
the	snow	the	rain

deːm	vɪnt	ɛnt 'ge: gən
dem	**Wind**	**entgegen,**
the	wind	in face of

ɪm	dampf	deːʁ	'klʏf tə
im	**Dampf**	**der**	**Klüfte,**
in the	mist	of the	ravines

dʊrç	'ne: bəl ˌdʏf tə
durch	**Nebeldüfte,**
through	fog scents

'ɪ mɐʁ	tsu:	'ɪ mɐʁ	tsu:
immer	**zu,**	**immer**	**zu,**
always	toward	always	toward

'oː nə	rast	ʊnt	ru:
ohne	**Rast**	**und**	**Ruh!**
without	rest	and	repose

'li: bɐʁ	dʊrç	'la͡e dən
Lieber	**durch**	**Leiden**
rather	through	suffering

mœçt	ıç	mıç	'ʃlɑ: gən
möcht'	**ich**	**mich**	**schlagen,**
would like	I	myself	to fight

als	zo:	fi:l	'frɔø dən
als	**so**	**viel**	**Freuden**
than	so	many	joys

dɛs	'le: bəns	ɛʁ 'trɑ: gən
des	**Lebens**	**ertragen!**
of	life	to endure

'a lə	das	'nae gən
Alle	**das**	**Neigen**
all	the	inclining

fɔn	'hɛr tsən	tsu:	'hɛr tsən
von	**Herzen**	**zu**	**Herzen,**
of	heart	to	heart

aχ	vi:	zo:	'ae gən
ach,	**wie**	**so**	**eigen**
ah	how	so	curiously

'ʃa fət	das	'ʃmɛr tsən
schaffet	**das**	**Schmerzen!**
creates	that	pains

vi:	zɔl	ıç	fli:n
Wie	**soll**	**ich**	**fliehn?**
how	should	I	flee

'vɛl dəʁ vɛrts	tsi:n
Wälderwärts	**ziehn!**
forestward	to go

'a ləs	fɛʁ 'ge: bəns
Alles	**vergebens!**
all	in vain

'kro: nə	dɛs	'le: bəns
Krone	**des**	**Lebens,**
crown	of	life

glʏk	'o: nə	ru:
Glück	**ohne**	**Ruh,**
happiness	without	peace

'li: bə	bıst	du:
Liebe,	**bist**	**du!**
love	are	you

Ständchen (from *Schwanengesang*)

music: Franz Schubert
text: Ludwig Rellstab

ˈʃtɛnt çən
Ständchen
Serenade

ˈlae̯ zə	ˈfle: ən	ˈmae̯ nə	ˈli: dɐ
Leise	**flehen**	**meine**	**Lieder**
softly	entreat	my	songs

dʊrç	di:	naχt	tsu:	di:ɐ
durch	**die**	**Nacht**	**zu**	**dir,**
through	the	night	to	you

ɪn	den	ˈʃtɪ lən	hae̯n	hɛʁ ˈni: dɐ
in	**den**	**stillen**	**Hain**	**hernieder,**
into	the	quiet	grove	below

ˈli:p çən	kɔm	tsu:	mi:ɐ
Liebchen,	**komm**	**zu**	**mir.**
sweetheart	come	to	me

ˈflʏ stɐnt	ˈʃlaŋ kə	ˈvɪp fəl	ˈrao̯ ʃən
Flüsternd	**schlanke**	**Wipfel**	**rauschen**
whispering	slender	treetops	rustle

ɪn	dɛs	ˈmo:n dəs	lɪçt
in	**des**	**Mondes**	**Licht,**
in	the	of the moon	light

dɛs	fɛʁ ˈrɛ: tɐs	ˈfae̯nt lɪç	ˈlao̯ ʃən
des	**Verräters**	**feindlich**	**Lauschen**
of	betrayer	hostile	eavesdropping

ˈfʏrç tə	ˈhɔl də	nɪçt
fürchte,	**Holde,**	**nicht.**
fear	lovely one	not

hø:rst	di:	ˈnaχ tɪ ˌga lən	ˈʃla: gən
Hörst	**die**	**Nachtigallen**	**schlagen?**
hear you	the	nightingales	beat

aχ	zi:	ˈfle: ən	dɪç
Ach!	**sie**	**flehen**	**dich,**
ah	they	entreat	you

mɪt	de:ɐ	ˈtø: nə	ˈzy: sən	ˈkla: gən
mit	**der**	**Töne**	**süßen**	**Klagen**
with	of the	tones	sweet	lamenting

ˈfle: ən	zi:	fy:ɐ	mɪç
flehen	**sie**	**für**	**mich.**
entreat	they	for	me

zi:	fɛʁ ˈʃte:n	dɛs	ˈbu: zəns	ˈze: nən
Sie	**verstehn**	**des**	**Busens**	**Sehnen,**
they	understand	of the	bosom	yearning

ˈkɛ nən	ˈli: bəs ˌʃmɛrts
kennen	**Liebesschmerz,**
(they) know	of love pain

ˈry: rən	mɪt	den	ˈzɪl bɐ ˌtø: nən
rühren	**mit**	**den**	**Silbertönen**
(they) touch	with	the	silver tones

'je: dəs	've̯ae çə	hɛrts
jedes	**weiche**	**Herz.**
every	soft	heart

las	a͡oχ	di:r	di:	brʊst	bə 've: gən
Lass	**auch**	**dir**	**die**	**Brust**	**bewegen,**
let	also	to you	the	breast	to move

'li:p çən	'hø: rə	mıç
Liebchen,	**höre**	**mich!**
sweetheart	hear	me

'be: bənt	har	ıç	di:r	ɛnt 'ge: gən
Bebend	**harr**	**ich**	**dir**	**entgegen,**
trembling	wait	I	to you	toward

kɔm	bə 'glʏ kə	mıç
komm,	**beglücke**	**mich.**
come	make happy	me

Liebst du um Schönheit

music: Clara Wieck Schumann
text: Friedrich Rückert

li:pst	du:	ʊm	'ʃø:n ha͡et	o:	nıçt	mıç	'li: bə
Liebst	**du**	**um**	**Schönheit,**	**o**	**nicht**	**mich**	**liebe!**
love	you	for	beauty	oh	not	me	love

'li: bə	di:	'zɔ nə	zi:	trɛːkt	a͡en	'gɔld nəs	ha:r
Liebe	**die**	**Sonne,**	**sie**	**trägt**	**ein**	**gold'nes**	**Haar!**
love	the	sun	it	bears	a	golden	hair

li:pst	du:	ʊm	'ju: gənt	o:	nıçt	mıç	'li: bə
Liebst	**du**	**um**	**Jugend,**	**o**	**nicht**	**mich**	**liebe!**
love	you	for	youth	oh	not	me	love

'li: bə	den	'fry: lıŋ	de:ʁ	jʊŋ	ıst	'je: dəs	ja:r
Liebe	**den**	**Frühling,**	**der**	**jung**	**ist**	**jedes**	**Jahr!**
love	the	spring	which	young	is	every	year

li:pst	du:	ʊm	'ʃɛt sə	o:	nıçt	mıç	'li: bə
Liebst	**du**	**um**	**Schätze,**	**o**	**nicht**	**mich**	**liebe!**
love	you	for	treasures	oh	not	me	love

'li: bə	di:	'me:ʁ fra͡o	zi:	hat	fi:l	'pɛr lən	kla:r
Liebe	**die**	**Meerfrau,**	**sie**	**hat**	**viel**	**Perlen**	**klar!**
love	the	mermaid	she	has	many	pearls	bright

li:pst	du:	ʊm	'li: bə	o:	ja:	mıç	'li: bə
Liebst	**du**	**um**	**Liebe,**	**o**	**ja**	**mich**	**liebe!**
love	you	for	love	oh	yes	me	love

'li: bə	mıç	'ı məʁ	dıç	li: bıç	'ı məʁ da:r
Liebe	**mich**	**immer,**	**dich**	**lieb' ich**	**immerdar!**
love	me	always	you	love I (will)	evermore

Der Nussbaum

music: Robert Schumann
text: Julius Mosen

deːʁ	ˈnʊs baͦom
Der	**Nussbaum**
the	walnut tree

ɛs	ˈgryː nət	aͤen	ˈnʊs baͦom	foːʁ	dem	haͦos
Es	**grünet**	**ein**	**Nussbaum**	**vor**	**dem**	**Haus,**
there	becomes green	a	walnut tree	in front of	the	house

ˈdʊf tɪç	ˈlʊf tɪç
duftig,	**luftig**
fragrant	airy

ˈbraͤe tət	eːʁ	ˈblɛ trɪç	die	ˈɛ stə	aͦos
breitet	**er**	**blättrig**	**die**	**Äste**	**aus.**
spreads	it	leafy	the	branches	out

fiːl	ˈliːp lɪ çə	ˈblyː tən	ˈʃteː ən	dran
Viel	**liebliche**	**Blüten**	**stehen**	**d'ran;**
many	lovely	blossoms	are	thereon

ˈlɪn də	ˈvɪn də
linde	**Winde**
gentle	winds

ˈkɔ mən	ziː	ˈhɛrts lɪç	tsuː	ʊm ˈfaːn
kommen,	**sie**	**herzlich**	**zu**	**umfahn.**
come	them	affectionately	to	embrace

ɛs	ˈflʏ stəʁn	jeː	tsvaͤe	tsuː	tsvaͤe	gə ˈpaːrt
Es	**flüstern**	**je**	**zwei**	**zu**	**zwei**	**gepaart,**
there	whisper	each	two	to	two	coupled

ˈnaͤe gənt	ˈbɔͦø gənt
neigend,	**beugend**
bowing	bending

ˈtsiːr lɪç	tsʊm	ˈkʊ sə	diː	ˈhɔͤøpt çən	tsaːrt
zierlich	**zum**	**Kusse**	**die**	**Häuptchen**	**zart.**
gracefully	to the	kiss	the	little heads	delicate

ziː	ˈflʏ stəʁn	fɔn	ˈaͤe nəm	ˈmɛːkt laͤen	das
Sie	**flüstern**	**von**	**einem**	**Mägdlein,**	**das**
they	whisper	about	a	girl	who

ˈdɛç tə	diː	ˈnɛç tə
dächte	**die**	**Nächte**
would think	the	nights

ʊnt	ˈtaː gə ˌlaŋ	ˈvʊ stə	aχ	ˈzɛl bər	nɪçt	vas
und	**Tagelang,**	**wusste**	**ach!**	**selber**	**nicht**	**was.**
and	days long	knew	ah	herself	not	what

ziː	ˈflʏ stəʁn	veːʁ	maːk	fɛʁ ˈʃteːn	zoː	gaːr
Sie	**flüstern,**	**wer**	**mag**	**verstehn**	**so**	**gar**
they	whisper	who	may	understand	so	very a

ˈlaͤe zə	vaͤes
leise	**Weis'?**
soft	tune

ˈflʏ stəʁn	fɔn	ˈbrɔøt gam	ʊnt	ˈnɛːç stəm	jaːr
Flüstern	**von**	**Bräut'gam**	**und**	**nächstem**	**Jahr.**
(they) whisper	of	bridegroom	and	next	year

das	'mɛ:kt laēn	'hɔr çət	ɛs	rāoʃt	ɪm	bāom
Das	**Mägdlein**	**horchet,**	**es**	**rauscht**	**im**	**Baum.**
the	girl	listens	there	rustles	in the	tree

'ze: nənt	've: nənt
Sehnend,	**wähnend**
longing	imagining

zɪŋkt	ɛs	'lɛ çəlnt	ɪn	ʃla:f	ʊnt	trāom
sinkt	**es**	**lächelnd**	**in**	**Schlaf**	**und**	**Traum.**
sinks	she	smiling	into	sleep	and	dream

Die Lotosblume

music: Robert Schumann
text: Heinrich Heine

di:	'lo: tɔs ˌblu: mə	'ɛŋ stɪkt
Die	**Lotosblume**	**ängstigt**
the	lotus flower	is afraid

sɪç	fo:ʁ	de:ʁ	'zɔ nə	praχt
sich	**vor**	**der**	**Sonne**	**Pracht,**
itself	of	of the	sun	splendor

ʊnt	mɪt	gə 'zɛŋk təm	'hāop tə
und	**mit**	**gesenktem**	**Haupte**
and	with	lowered	head

ɛʁ 'war tət	zi:	'trɔø mənt	di:	naχt
erwartet	**sie**	**träumend**	**die**	**Nacht.**
awaits	she	dreaming	the	night

de:ʁ	mo:nt	de:ʁ	ɪst	i:ʁ	'bu: lə
Der	**Mond,**	**der**	**ist**	**ihr**	**Buhle,**
the	moon	he	is	her	lover

e:ʁ	vɛkt	zi:	mɪt	'zāe nəm	lɪçt
er	**weckt**	**sie**	**mit**	**seinem**	**Licht,**
he	wakes	her	with	his	light

ʊnt	i:m	ɛnt 'ʃlāe əʁt	zi:	'frɔønt lɪç
und	**ihm**	**entschleiert**	**sie**	**freundlich**
and	to him	reveals	she	amiably

i:r	'frɔ məs	'blu: mən gə ˌzɪçt
ihr	**frommes**	**Blumengesicht.**
her	innocent	flower face

zi:	bly:t	ʊnt	gly:t	ʊnt	'lɔøç tət
Sie	**blüht**	**und**	**glüht**	**und**	**leuchtet,**
she	blooms	and	glows	and	radiates

ʊnt	'ʃta rət	ʃtʊm	ɪn	di:	hø:
und	**starret**	**stumm**	**in**	**die**	**Höh';**
and	stares	silent	into	the	heights

zi:	'dʊf tət		ʊnt	'vāe nət	ʊnt	'tsɪ təʁt
sie	**duftet**		**und**	**weinet**	**und**	**zittert**
she	exhales fragrance		and	weeps	and	trembles

fo:ʁ	'li: bə	ʊnt	'li: bəs ˌve:
vor	**Liebe**	**und**	**Liebesweh'.**
for	love	and	love's pain

Du bist wie eine Blume

music: Robert Schumann
text: Heinrich Heine

duː	bɪst	viː	ˈae nə	ˈbluː mə
Du	**bist**	**wie**	**eine**	**Blume**
you	are	like	a	flower

zoː	hɔlt	ʊnt	ʃøːn	ʊnt	raen
so	**hold**	**und**	**schön**	**und**	**rein;**
so	charming	and	beautiful	and	pure

ɪç	ʃao	dɪç	an	ʊnt	ˈveː muːt
ich	**schau'**	**dich**	**an,**	**und**	**Wehmuth**
I	look	you	at	and	melancholy

ʃlaeçt	miːʁ	ɪns	hɛrts	hɪ ˈnaen
schleicht	**mir**	**in's**	**Herz**	**hinein.**
steals	to me	into	heart	inside

miːʁ	ɪst	als	ɔp	ɪç	diː	ˈhɛn də
Mir	**ist,**	**als**	**ob**	**ich**	**die**	**Hände**
to me	(it) is	as	if	I	the	hands

aofs	haopt	diːʁ	ˈleː gən	zɔlt
auf's	**Haupt**	**dir**	**legen**	**sollt',**
upon the	head	of you	to lay	should

ˈbeː tənt	das	gɔt	dɪç	ɛʁ ˈhal tə
betend,	**daß**	**Gott**	**dich**	**erhalte**
praying	that	God	you	may keep

zoː	raen	ʊnt	ʃøːn	ʊnt	hɔlt
so	**rein**	**und**	**schön**	**und**	**hold.**
so	pure	and	beautiful	and	charming

Du Ring an meinem Finger

music: Robert Schumann
text: Adalbert von Chamisso

duː	rɪŋ	an	ˈmae nəm	ˈfɪ ŋər
Du	**Ring**	**an**	**meinem**	**Finger,**
you	ring	on	my	finger

maen	ˈgɔl də nəs	ˈrɪ ŋə laen
mein	**goldenes**	**Ringelein,**
my	golden	little ring

ɪç	ˈdrʏ kə	dɪç	frɔm	an	diː	ˈlɪ pən
ich	**drücke**	**dich**	**fromm**	**an**	**die**	**Lippen,**
I	press	you	devotedly	to	the	lips

an	das	ˈhɛr tsə	maen
an	**das**	**Herze**	**mein.**
to	the	heart	mine

ɪç	hat	iːn	ˈaos gə ˌtrøø mət
Ich	**hatt'**	**ihn**	**ausgeträumet,**
I	had	it	done with dreamed

deːʁ	ˈkɪnt haet	ˈfriːt lɪç	ˈʃøː nən	traom
der	**Kindheit**	**friedlich**	**schönen**	**Traum,**
of	childhood	peaceful	beautiful	dream

ɪç fant a ˈlaen mɪç fɛʁ ˈloː rən
ich fand allein mich, verloren
I found alone myself lost

ɪm ˈøː dən ʊn ˈɛnt lɪ çən raom
im öden, unendlichen Raum.
in the empty endless space

duː rɪŋ an ˈmae nəm ˈfɪ ŋər
Du Ring an meinem Finger,
you ring on my finger

dɑː hast duː mɪç eːrst bə ˈleːrt
da hast du mich erst belehrt,
there have you me first taught

hast ˈmae nəm blɪk ɛr ˈʃlɔ sən
hast meinem Blick erschlossen,
have (you) my gaze opened up

dɛs ˈleː bəns ʊn ˈɛnt lɪ çən ˈtiː fən veːrt
des Lebens unendlichen, tiefen Wert.
of life infinite deep value

ɪç vɪl iːm ˈdiː nən iːm ˈleː bən
Ich will ihm dienen, ihm leben,
I wish him to serve for him to live

iːm ˈan gə ˌhøː rən gants
ihm angehören ganz,
to him to belong entirely

hɪn ˈzɛl bəʁ mɪç ˈgeː bən ʊnt ˈfɪn dən
hin selber mich geben und finden
hence myself me to give and to find

fɛʁ ˈkleːrt mɪç ɪn ˈzae nəm glants
verklärt mich in seinem Glanz.
transfigured me in his splendor

Ich grolle nicht

music: Robert Schumann
text: Heinrich Heine

ɪç ˈgrɔ lə nɪçt ʊnt vɛn das hɛrts aox brɪçt
Ich grolle nicht, und wenn das Herz auch bricht.
I am resentful not and if the heart even breaks

ˈeː vɪç fɛʁ ˈloːr nəs liːp ɪç ˈgrɔ lə nɪçt
Ewig verlor'nes Lieb, ich grolle nicht.
eternally lost love I am resentful not

viː duː aox ˈʃtraːlst ɪn di a ˈman tən ˌpraχt
Wie du auch strahlst in Diamantenpracht,
how you ever beam in of diamonds splendor

ɛs fɛlt kaen ˈʃtraːl ɪn ˈdae nəs ˈhɛr tsəns naχt
es fällt kein Strahl in deines Herzens Nacht.
there falls no ray into of your heart night

das vaes ɪç lɛŋst
Das weiß ich längst.
that know I long since

557

ɪç	ˈgrɔ lə	nɪçt	ʊnt	vɛn	das	hɛrts	a͡ox	brɪçt
Ich	**grolle**	**nicht,**	**und**	**wenn**	**das**	**Herz**	**auch**	**bricht.**
I	am resentful	not	and	if	the	heart	even	breaks

ɪç	zɑ:	dɪç	jɑ:	ɪm	ˈtra͡o mə			
Ich	**sah**	**dich**	**ja**	**im**	**Traume,**			
I	saw	you	indeed	in the	dream			

ʊnt	zɑ:	di:	naχt	ɪn	ˈda͡e nəs	ˈhɛr tsəns	ˈra͡o mə	
und	**sah**	**die**	**Nacht**	**in**	**deines**	**Herzens**	**Raume,**	
and	saw	the	night	in	of your	heart	room	

ʊnt	zɑ:	di:	ʃlaŋ	di:	di:r	am	ˈhɛr tsən	frɪst
und	**sah**	**die**	**Schlang’,**	**die**	**dir**	**am**	**Herzen**	**frisst,**
and	saw	the	snake	which	to you	at the	heart	feeds

ɪç	zɑ:	ma͡en	li:p	vi:	ze:ʁ	du:	ˈe: lənt	bɪst
ich	**sah,**	**mein**	**Lieb,**	**wie**	**sehr**	**du**	**elend**	**bist.**
I	saw	my	love	how	very	you	wretched	are

In der Fremde

music: Robert Schumann
text: Joseph von Eichendorff

ɪn	de:ʁ	ˈfrɛm də					
In	**der**	**Fremde**					
in	the	place far from home					

a͡os	de:ʁ	ˈha͡e mɑ:t	ˈhɪn təʁ	den	ˈblɪ tsən		ro:t
Aus	**der**	**Heimat**	**hinter**	**den**	**Blitzen**		**rot**
from	the	homeland	behind	the	lightning flashes’		red

dɑ:	ˈkɔ mən	di:	ˈvɔl kən	he:ʁ			
da	**kommen**	**die**	**Wolken**	**her.**			
there	come	the	clouds	hither			

ˈa: bəʁ	ˈfa: təʁ	ʊnt	ˈmʊ təʁ	zɪnt	ˈla ŋə	to:t	
Aber	**Vater**	**und**	**Mutter**	**sind**	**lange**	**tot,**	
but	father	and	mother	are	long since	dead	

ɛs	kɛnt	mɪç	dɔrt	ˈka͡e nəʁ	me:ʁ		
es	**kennt**	**mich**	**dort**	**keiner**	**mehr.**		
there	knows	me	there	no one	anymore		

vi:	balt	aχ	vi:	balt	kɔmt	di:	ˈʃtɪ lə	tsa͡et
Wie	**bald,**	**ach**	**wie**	**bald**	**kommt**	**die**	**stille**	**Zeit,**
how	soon	ah	how	soon	comes	the	quiet	time

dɑ:	ˈru: ə	ɪç	a͡oχ	ʊnt	ˈy: bəʁ	mi:ʁ	
da	**ruhe**	**ich**	**auch,**	**und**	**über**	**mir**	
when	rest	I	also	and	above	me	

ra͡oʃt	di:	ˈʃø: nə	ˈwalt ˌaen zɑ:m ka͡et				
rauscht	**die**	**schöne**	**Waldeinsamkeit,**				
rustles	the	beautiful	forest solitude				

ʊnt	ˈka͡e nəʁ	kɛnt	mɪç	me:ʁ	hi:ʁ		
und	**keiner**	**kennt**	**mich**	**mehr**	**hier.**		
and	no one	knows	me	anymore	here		

Intermezzo

music: Robert Schumann
text: Joseph von Eichendorff

ɪn tɛʁ ˈmɛt so
Intermezzo
Intermezzo

daͤen	ˈbɪlt nɪs	ˈvʊn dəʁ ˌze: lɪç
Dein	**Bildnis**	**wunderselig**
your	image	wonderfully blessed

hab	ɪç	ɪm	ˈhɛr tsəns ˌgrʊnt
hab'	**ich**	**im**	**Herzensgrund,**
have	I	in the	of heart bottom

das	zi:t	zo:	frɪʃ	ʊnt	ˈfrø: lɪç
das	**sieht**	**so**	**frisch**	**und**	**fröhlich**
that	looks	so	refreshing	and	joyful

mɪç	an	tsu:	ˈje: dəʁ	ʃtʊnt
mich	**an**	**zu**	**jeder**	**Stund'.**
to me	at	at	every	hour

maͤen	hɛrts	ʃtɪl	ɪn	zɪç	ˈzɪ ŋət
Mein	**Herz**	**still**	**in**	**sich**	**singet**
my	heart	quietly	to	itself	sings

aͤen	ˈal təs	ˈʃø: nəs	li:t
ein	**altes,**	**schönes**	**Lied,**
an	old	beautiful	song

das	ɪn	di:	lʊft	zɪç	ˈʃvɪ ŋət
das	**in**	**die**	**Luft**	**sich**	**schwinget**
which	into	the	air	itself	soars

ʊnt	tsu:	di:ʁ	ˈaͤe lɪç	tsi:t
und	**zu**	**dir**	**eilig**	**zieht.**
and	to	you	hurriedly	moves

Waldesgespräch

music: Robert Schumann
text: Joseph von Eichendorff

ˈval dəs gə ˌʃprɛ:ç
Waldesgespräch
forest dialogue

ɛs	ɪst	ʃo:n	ʃpɛ:t	ɛs	ɪst	ʃo:n	kalt
» Es	**ist**	**schon**	**spät,**	**es**	**ist**	**schon**	**kalt,**
it	is	already	late	it	is	already	cold

vas	raͤetst	du:	ˈaͤen za:m	dʊrç	den	valt
was	**reit'st**	**du**	**einsam**	**durch**	**den**	**Wald?**
why	ride	you	alone	through	the	forest

de:ʁ	valt	ɪst	laŋ	du:	bɪst	a ˈlaͤen
Der	**Wald**	**ist**	**lang,**	**du**	**bist**	**allein,**
the	forest	is	long	you	are	alone

du:	ʃø: nə	braͤot	ɪç	fy:r	dɪç	haͤem
du	**schöne**	**Braut!**	**ich**	**führ'**	**dich**	**heim! «**
you	beautiful	bride	I	lead	you	home

groːs ist deːʁ ˈmɛ nəʁ truːk ʊnt lɪst
» **Gross** **ist** **der** **Männer** **Trug** **und** **List,**
great is of men deceit and cunning

foːʁ ʃmɛrts ma͡en hɛrts gə ˈbrɔ χən ist
vor **Schmerz** **mein** **Herz** **gebrochen** **ist,**
for pain my heart broken is

voːl ɪrt das ˈvalt hɔrn heːʁ ʊnt hɪn
wohl **irrt** **das** **Waldhorn** **her** **und** **hin,**
indeed misleads the hunting horn here and there

oː fliː duː va͡est nɪçt veːʁ ɪç bɪn
o **flieh'!** **du** **weißt** **nicht,** **wer** **ich** **bin.** «
oh flee you know not who I am

zoː ra͡eç gə ˈʃmʏkt ist rɔs ʊnt va͡ep
» **So** **reich** **geschmückt** **ist** **Ross** **und** **Weib,**
so richly adorned is horse and woman

zoː ˈvʊn dəʁ ˌʃøːn deːʁ ˈjʊ ŋə la͡ep
so **wunderschön** **der** **junge** **Leib;**
so wonderfully beautiful the young body

jɛtst kɛn ɪç dɪç gɔt ʃteː miːr ba͡e
jetzt **kenn'** **ich** **dich –** **Gott** **steh'** **mir** **bei! –**
now know I you God stay to me by

duː bɪst diː ˈhɛk sə loː rə ˈla͡e
du **bist** **die** **Hexe** **Lorelei!** «
you are the witch Loreley

duː kɛnst mɪç voːl fɔn ˈhoː əm ʃta͡en
» **Du** **kennst** **mich** **wohl –** **von** **hohem** **Stein**
you know me well from high rock

ʃa͡ot ʃtɪl ma͡en ʃlɔs tiːf ɪn den ra͡en
schaut **still** **mein** **Schloß** **tief** **in** **den** **Rhein.**
looks silently my castle deep into the Rhine

ɛs ist ʃoːn ʃpɛːt ɛs ist ʃoːn kalt
Es **ist** **schon** **spät,** **es** **ist** **schon** **kalt,**
it is already late it is already cold

kɔmst ˈnɪ məʁ meːʁ a͡os ˈdiː zəm valt
kommst **nimmermehr** **aus** **diesem** **Wald.** «
(you) come nevermore out of this forest

Widmung
music: Robert Schumann
text: Friedrich Rückert

ˈvɪt mʊŋ
Widmung
devotion

duː ˈma͡e nə ˈzeː lə duː ma͡en hɛrts
Du **meine** **Seele,** **du** **mein** **Herz,**
you my soul you my heart

duː ˈma͡e nə vɔn oː duː ma͡en ʃmɛrts
du **meine** **Wonn',** **o** **du** **mein** **Schmerz,**
you my joy o you my pain

du: | 'mae nə | vɛlt | ɪn | de:ʁ | ɪç | 'le: bə
du | **meine** | **Welt,** | **in** | **der** | **ich** | **lebe,**
you | my | world | in | which | I | live

mae̯n | 'hɪ məl | du: | da 'rae̯n | ɪç | 'ʃve: bə
mein | **Himmel** | **du,** | **darein** | **ich** | **schwebe,**
my | heaven | you | into which | I | soar

o: | du: | mae̯n | grɑ:p | ɪn | das | hɪ 'nap
o | **du** | **mein** | **Grab,** | **in** | **das** | **hinab**
o | you | my | grave | into | which | downwards

ɪç | 'e: vɪç | 'mae̯nən | 'kʊ məʁ | gɑ:p
ich | **ewig** | **meinen** | **Kummer** | **gab!**
I | forever | my | sorrow | yielded

du: | bɪst | di: | ru: | du: | bɪst | de:ʁ | 'fri: dən
Du | **bist** | **die** | **Ruh',** | **du** | **bist** | **der** | **Frieden,**
you | are | the | rest | you | are | the | peace

du: | bɪst | fɔm | 'hɪ məl | mi:ʁ | bə 'ʃi: dən
du | **bist** | **vom** | **Himmel** | **mir** | **beschieden.**
you | are | from | heaven | to me | allotted

das | du: | mɪç | li:pst | maχt | mɪç | mi:r | ve:rt
Dass | **du** | **mich** | **liebst,** | **macht** | **mich** | **mir** | **wert,**
that | you | me | love | makes | me | to myself | worthy

dae̯n | blɪk | hat | mɪç | fo:r | mi:ʁ | feʁ 'klɛrt
dein | **Blick** | **hat** | **mich** | **vor** | **mir** | **verklärt,**
your | glance | has | me | before | me | transfigured

du: | he:pst | mɪç | 'li: bənt | 'y: bəʁ | mɪç
du | **hebst** | **mich** | **liebend** | **über** | **mich,**
you | raise | me | lovingly | above | myself

mae̯n | 'gu: təʁ | gae̯st | mae̯n | 'bɛs rəs | ɪç
mein | **guter** | **Geist,** | **mein** | **bess'res** | **Ich!**
my | good | spirit | my | better | I [self]

du: | 'mae̯ nə | 'ze: lə | du: | mae̯n | hɛrts
Du | **meine** | **Seele,** | **du** | **mein** | **Herz,**
you | my | soul | you | my | heart

du: | 'mae̯ nə | vɔn | o: | du: | mae̯n | ʃmɛrts
du | **meine** | **Wonn',** | **o** | **du** | **mein** | **Schmerz,**
you | my | joy | o | you | my | pain

du: | 'mae̯ nə | vɛlt | ɪn | de:ʁ | ɪç | 'le: bə
du | **meine** | **Welt,** | **in** | **der** | **ich** | **lebe,**
you | my | world | in | which | I | live

mae̯n | 'hɪ məl | du: | da 'rae̯n | ɪç | 'ʃve: bə
mein | **Himmel** | **du,** | **darein** | **ich** | **schwebe,**
my | heaven | you | into which | I | soar

mae̯n | 'gu: təʁ | gae̯st | mae̯n | 'bɛs rəs | ɪç
mein | **guter** | **Geist,** | **mein** | **bess'res** | **Ich!**
my | good | spirit | my | better | I [self]

Allerseelen

music: Richard Strauss
text: Hermann von Gilm

a lɐ ˈze: lən
Allerseelen
All Souls' Day

ʃtɛl	a͡of	den	tɪʃ	di:	ˈdʊf tən dən	re ˈze: dən
Stell'	**auf**	**den**	**Tisch**	**die**	**duftenden**	**Reseden,**
place	on	the	table	the	fragrant	mignonettes

di:	ˈlɛts tən	ˈro: tən	ˈa stɐn	tra:k	hɛɐ ˈba͡e
die	**letzten**	**roten**	**Astern**	**trag'**	**herbei,**
the	last	red	asters	bear	hither

ʊnt	las	ʊns	ˈvi: dɐ	fɔn	de:ɐ	ˈli: bə	ˈre: dən
und	**lass**	**uns**	**wieder**	**von**	**der**	**Liebe**	**reden,**
and	let	us	again	of	the	love	speak

vi:	a͡enst	ɪm	ma͡e
wie	**einst**	**im**	**Mai.**
as	once	in	May

gi:p	mi:r	di:	hant	das	ɪç	zi:	ˈha͡em lɪç	ˈdrʏ kə
Gib	**mir**	**die**	**Hand,**	**dass**	**ich**	**sie**	**heimlich**	**drücke,**
give	to me	the	hand	that	I	it	secretly	press

ʊnt	vɛn	mans	zi:t	mi:ɐ	ɪst	ɛs	ˈa͡e nɐ la͡e
und	**wenn**	**man's**	**sieht,**	**mir**	**ist**	**es**	**einerlei,**
and	if	one it	sees	to me	is	it	all the same

gi:p	mi:ɐ	nu:ɐ	ˈa͡e nən	ˈda͡e nɐ	ˈzy: sən	ˈblɪ kə
gib	**mir**	**nur**	**einen**	**deiner**	**süssen**	**Blicke,**
give	to me	only	one	of your	sweet	glances

vi:	a͡enst	ɪm	ma͡e
wie	**einst**	**im**	**Mai.**
as	once	in	May

ɛs	bly:t	ʊnt	ˈdʊf tət	hɔøt	a͡of	ˈje: dəm	ˈgra: bə
Es	**blüht**	**und**	**duftet**	**heut'**	**auf**	**jedem**	**Grabe,**
there	blooms	and	is fragrant	today	on	every	grave

a͡en	ta:k	ɪm	ja:r	ɪst	ja:	den	ˈto: tən	fra͡e
ein	**Tag**	**im**	**Jahr**	**ist**	**ja**	**den**	**Toten**	**frei,**
one	day	in the	year	is	indeed	to the	dead ones	at liberty

kɔm	an	ma͡en	hɛrts	das	ɪç	dɪç	ˈvi: dɐ	ˈha: bə
komm	**an**	**mein**	**Herz,**	**dass**	**ich**	**dich**	**wieder**	**habe,**
come	to	my	heart	that	I	you	again	have

vi:	a͡enst	ɪm	ma͡e
wie	**einst**	**im**	**Mai.**
as	once	in	May

Breit' über mein Haupt

music: Richard Strauss
text: Adolph Friedrich von Schack

braet	ˈyː bɐʁ	maen	haopt	daen	ˈʃvar tsəs	haːr
Breit'	**über**	**mein**	**Haupt**	**dein**	**schwarzes**	**Haar,**
spread	over	my	head	your	black	hair

naek	tsuː	miːʁ	daen	ˈan gə ˌzɪçt
neig'	**zu**	**mir**	**dein**	**Angesicht,**
incline	to	me	your	face

daː	ʃtrœmt	ɪn	diː	ˈzeː lə	zoː	hɛl	ʊnt	klaːr
da	**strömt**	**in**	**die**	**Seele**	**so**	**hell**	**und**	**klar**
there	streams	into	the	soul	so	bright	and	clear

miːʁ	ˈdae nɐʁ	ˈao gən	lɪçt
mir	**deiner**	**Augen**	**Licht.**
to me	of your	eyes	light

ɪç	vɪl	nɪçt	ˈdroː bən	deːʁ	ˈzɔ nə	praχt
Ich	**will**	**nicht**	**droben**	**der**	**Sonne**	**Pracht,**
I	wish	not	above	of the	sun	splendor

nɔχ	deːʁ	ˈʃtɛr nə	ˈlɔøç tən dən	krants
noch	**der**	**Sterne**	**leuchtenden**	**Kranz,**
nor	of the	stars	luminous	corona

ɪç	vɪl	nuːʁ	ˈdae nɐʁ	ˈlɔ kən	naχt
ich	**will**	**nur**	**deiner**	**Locken**	**Nacht,**
I	wish	only	of your	locks	night

ʊnt	ˈdae nɐʁ	ˈblɪ kə	glants
und	**deiner**	**Blicke**	**Glanz.**
and	of your	glance	luster

Die Nacht

music: Richard Strauss
text: Hermann von Gilm

diː	naχt
Die	**Nacht**
the	night

aos	dem	ˈval də	trɪt	diː	naχt
Aus	**dem**	**Walde**	**tritt**	**die**	**Nacht,**
out of	the	forest	steps	the	night

aos	den	ˈbɔø mən	ʃlaeçt	ziː	ˈlae zə
aus	**den**	**Bäumen**	**schleicht**	**sie**	**leise,**
out of	the	trees	steals	she	softly

ʃaot	zɪç	ʊm	ɪn	ˈvae təm	ˈkrae zə
schaut	**sich**	**um**	**in**	**weitem**	**Kreise,**
looks	herself	around	in	wide	circle

nuːn	giːp	aχt
nun	**gib**	**acht.**
now	give	heed

ˈa lə	ˈlɪç tɐʁ	ˈdiː zɐʁ	vɛlt
Alle	**Lichter**	**dieser**	**Welt,**
all	lights	of this	world

ˈa lə	ˈblu mən	ˈa lə	ˈfar bən
alle	**Blumen,**	**alle**	**Farben**
all	flowers	all	colors

lœʃt	ziː	a͜os	ʊnt	ʃtiːlt	diː	ˈgar bən
löscht	**sie**	**aus**	**und**	**stiehlt**	**die**	**Garben**
blots	she	out	and	steals	the	sheaves

vɛk	fɔm	fɛlt
weg	**vom**	**Feld.**
away	from the	field

ˈa ləs	nɪmt	ziː	vas	nuːʁ	hɔlt
Alles	**nimmt**	**sie,**	**was**	**nur**	**hold,**
all	takes	she	whatever	only	lovely

nɪmt	das	ˈzɪl bəʁ	vɛk	dɛs	ʃtroːms
nimmt	**das**	**Silber**	**weg**	**des**	**Stroms,**
takes	the	silver	away	of the	river

nɪmt	fɔm	ˈkʊp fəʁ ˌdaχ	dɛs	doːms
nimmt	**vom**	**Kupferdach**	**des**	**Doms,**
takes	from the	copper roof	of the	dome

vɛk	das	gɔlt
weg	**das**	**Gold.**
away	the	gold

ˈa͜os gə ˌplʏn dəʁt	ʃteːt	deːʁ	ʃtra͜oχ
Ausgeplündert	**steht**	**der**	**Strauch;**
stripped	is	the	bush

ˈrʏ kə	ˈnɛː əʁ	zeːl	an	ˈzeː lə
rücke	**näher,**	**Seel'**	**an**	**Seele,**
move	closer	soul	to	soul

oː	diː	naχt	miːʁ	baŋt	ziː	ˈʃteː lə
o	**die**	**Nacht,**	**mir**	**bangt,**	**sie**	**stehle**
oh	the	night	to me	it is fearful	she	may steal

dɪç	miːʁ	a͜oχ
dich	**mir**	**auch.**
you	from me	also

Du meines Herzens Krönelein

music: Richard Strauss
text: Felix Dahn

duː	ˈma͜e nəs	ˈhɛr tsəns	ˈkrøː nə la͜en
Du	**meines**	**Herzens**	**Krönelein,**
you	of my	heart	little crown

duː	bɪst	fɔn	ˈla͜o trəm	ˈgɔl də
du	**bist**	**von**	**lautrem**	**Golde,**
you	are	of	pure	gold

vɛn	ˈan də rə	da ˈneː bən	za͜en
wenn	**andere**	**daneben**	**sein,**
when	others	close by	be

dan	bɪst	duː	nɔχ	fiːl	ˈhɔl də
dann	**bist**	**du**	**noch**	**viel**	**holde.**
then	are	you	still	much (more)	lovely

diː	ˈan dəʁn	tuːn	zoː	gɛrn	gə ˈʃɔ͜øt
Die	**andern**	**tun**	**so**	**gern**	**gescheut,**
the	others	act	so	gladly	shrewd

64

du:	bɪst	gɑːr	zanft	ʊnt	ˈʃtɪ lə
du	**bist**	**gar**	**sanft**	**und**	**stille,**
you	are	absolutely	gentle	and	quiet

das	ˈje: dəs	hɛrts	zɪç	daen	ɛʁ ˈfrɔøt
dass	**jedes**	**Herz**	**sich**	**dein**	**erfreut,**
that	every	heart	itself	in you	takes pleasure

daen	glʏk	ɪsts	nɪçt	daen	ˈvɪ lə
dein	**Glück**	**ist's,**	**nicht**	**dein**	**Wille.**
your	fortune	is it	not	your	will

di:	ˈan dəʁn	ˈzu: χən	li:p	ʊnt	ɡʊnst
Die	**andern**	**suchen**	**Lieb'**	**und**	**Gunst**
the	others	seek	love	and	favor

mɪt	ˈtao zənt	ˈfal ʃən	ˈvɔr tən		
mit	**tausend**	**falschen**	**Worten,**		
with	thousand	false	words		

du:	ˈo: nə	mʊnt	ʊnt	ˈao ɡən ˌkʊnst	
du	**ohne**	**Mund –**	**und**	**Augenkunst**	
you	without	mouth	and	eyes artifice	

bɪst	ve:rt	an	ˈa lən	ˈɔr tən	
bist	**wert**	**an**	**allen**	**Orten.**	
are	valued	in	all	places	

du:	bɪst	als	vi:	di:	ro:s	ɪm	valt
Du	**bist**	**als**	**wie**	**die**	**Ros'**	**im**	**Wald,**
you	are	as	like	the	rose	in the	forest

zi:	vaes	nɪçts	fɔn	ˈi: rəʁ	ˈbly: tə	
sie	**weiß**	**nichts**	**von**	**ihrer**	**Blüte,**	
she	knows	nothing	about	her	blossoming	

dɔχ	ˈje: dəm	de:ʁ	fo: ˈry: bəʁ ˌvalt	
doch	**jedem,**	**der**	**vorüberwallt,**	
but	to each	who	travels by	

ɛʁ ˈfrɔøt	zi:	das	ɡə ˈmy: tə	
erfreut	**sie**	**das**	**Gemüte.**	
delights	she	the	spirit	

Ich trage meine Minne
music: Richard Strauss
text: Karl Henckell

ɪç	ˈtrɑ: ɡə	ˈmae nə	ˈmɪ nə
Ich	**trage**	**meine**	**Minne**
I	carry	my	love

fo:ʁ	ˈvɔ nə	ʃtʊm	
vor	**Wonne**	**stumm,**	
with	joy	mute	

ɪm	ˈhɛr tsən	ʊnt	ɪm	ˈzɪ nə
im	**Herzen**	**und**	**im**	**Sinne**
in the	heart	and	in the	mind

mɪt	mi:ʁ	hɛ ˈrʊm	
mit	**mir**	**herum.**	
with	me	around	

jɑ:	das	ɪç	dɪç	ɡə ˈfʊn dən
Ja,	**dass**	**ich**	**dich**	**gefunden,**
yes	that	I	you	(have) found

du: 'li: bəs   kınt
du   **liebes**   **Kind,**
you   dear   child

das   fro͡øt   mıç   'a lə   'tɑ: gə
das   **freut**   **mich**   **alle**   **Tage,**
that   delights   me   all   days

di: mi:ʁ   bə 'ʃi: dən   zınt
die   **mir**   **beschieden**   **sind.**
which   to me   allotted   are

ʊnt   ɔp   a͡oχ   de:ʁ   'hı məl   'try: bə
Und   **ob**   **auch**   **der**   **Himmel**   **trübe,**
and   if   even   the   sky   cloudy

'ko:l ʃvarts   di: naχt
kohlschwarz   **die**   **Nacht,**
coal-black   the   night

hɛl   'lɔøç tət   'ma͡e nəʁ   'li: bə
hell   **leuchtet**   **meiner**   **Liebe**
bright   shines   of my   love

'gɔlt ˌzɔ nı gə   praχt
goldsonnige   **Pracht.**
gold-sunny   splendor

ʊnt   ly:kt   a͡oχ   di: vɛlt   ın   'zyn dən
Und   **lügt**   **auch**   **die**   **Welt**   **in**   **Sünden,**
and   tells lies   even   the   world   in   sins

zo: tu:t   mi:ʁs   ve:
so   **tut**   **mir's**   **weh,**
so   does   to me it   woe

di: 'ar gə   mʊs   ɛʁ 'blın dən
die   **arge**   **muss**   **erblinden**
the   wicked (world)   must   grow blind

fo:ʁ   'da͡e nəʁ   'ʊn ʃʊlt   ʃne:
vor   **deiner**   **Unschuld**   **Schnee.**
in the presence of   of your   innocence   snow

Morgen!

music: Richard Strauss
text: John Henry Mackay

'mɔr gən
Morgen!
tomorrow

ʊnt   'mɔr gən   vırt   di: 'zɔ nə   'vi: dəʁ   'ʃa͡e nən
Und   **morgen**   **wird**   **die**   **Sonne**   **wieder**   **scheinen**
and   tomorrow   will   the   sun   again   shine

ʊnt   a͡of   dem   've: gə   de:n   ıç   'ge: ən   'vɛ:r də
und   **auf**   **dem**   **Wege,**   **dcn**   **icłı**   **gehen**   **werde,**
and   on   the   path   which   I   walk   shall

vırt   ʊns   di: 'glʏk lı çən   zi: 'vi: dəʁ   'a͡e nən
wird   **uns,**   **die**   **Glücklichen,**   **sie**   **wieder**   **einen**
will   us   the   happy ones   it   again   unite

ın 'mı tən   'di: zəʁ   'zɔ nən ˌɑ:t mən dən   'e:r də
inmitten   **dieser**   **sonnenatmenden**   **Erde...**
in the midst of   this   sun breathing   earth

ʊnt tsu: de:m ʃtrant de:m ˈvaͤe tən ˈvo: gən ˌblaͦo ən
Und zu dem Strand, dem weiten, wogenblauen
and to the strand the wide wave-blue

ˈvɛ:r dən vi:ʁ ʃtɪl ʊnt ˈlaŋ za:m ˈni: dəʁ ˌʃtaͤe gən
werden wir still und langsam niedersteigen,
shall we quietly and slowly descend

ʃtʊm ˈvɛ:r dən vi:r ʊns ɪn di: ˈaͦo gən ˈʃaͦo ən
stumm werden wir uns in die Augen schauen,
speechless shall we each other into the eyes look

ʊnt aͦof ʊns zɪŋkt dɛs ˈglʏ kəs ˈʃtʊ məs ˈʃvaͤe gən
und auf uns sinkt des Glückes stummes Schweigen…
and upon us sinks of the happiness mute silence

Zueignung

music: Richard Strauss
text: Hermann von Gilm

ˈtsu: aͤe gnʊŋ
Zueignung
dedication

ja: du: vaͤest ɛs ˈtɔͦø rə ˈze: lə
Ja, du weisst es, teure Seele,
yes you know it dear soul

das ɪç fɛrn fɔn di:ʁ mɪç ˈkvɛ: lə
dass ich fern von dir mich quäle,
that I far from you myself torment

ˈli: bə maχt di: ˈhɛr tsən kraŋk
Liebe macht die Herzen krank,
love makes the hearts sick

ˈha: bə daŋk
habe Dank.
(I) have thanks

aͤenst hi:lt ɪç de:ʁ ˈfraͤe haͤet ˈtsɛ çəʁ
Einst hielt ich, der Freiheit Zecher,
once held I of freedom drinker

ho:χ den a me: ˈtʏ stən ˈbɛ çəʁ
hoch den Amethysten– Becher
high the amethyst cup

ʊnt du: ˈze:g nə təst den traŋk
und du segnetest den Trank,
and you blessed the drink

ˈha: bə daŋk
habe Dank.
(I) have thanks

ʊnt bə ˈʃvo:rst da ˈrɪn di: ˈbø: zən
Und beschworst darin die Bösen,
and (you) exorcised therein the evils

bɪs ɪç vas ɪç ni: gə ˈve: zən
bis ich, was ich nie gewesen,
until I what I never (had) been

ˈhae̯ lıç	ˈhae̯ lıç	ans	hɛrts	diːʁ	zaŋk
heilig,	**heilig**	**an's**	**Herz**	**dir**	**sank,**
hallowed	hallowed	onto the	heart	of you	(I) sank

ˈhɑː bə	daŋk
habe	**Dank.**
(I) have	thanks

Anakreons Grab

music: Hugo Wolf
text: Johann Wolfgang von Goethe

a ˈnɑː kre ɔns	grɑːp
Anakreons	**Grab**
Anacreon's	grave

voː	diː	ˈroː zə	hiːʁ	blyːt
Wo	**die**	**Rose**	**hier**	**blüht,**
where	the	rose	here	blooms

voː	ˈreː bən	ʊm	ˈlɔr beːr	zıç	ˈʃlı ŋən
wo	**Reben**	**um**	**Lorbeer**	**sich**	**schlingen,**
where	vines	around	laurel	themselves	twine

voː	das	ˈtʊr təl çən	lɔkt
wo	**das**	**Turtelchen**	**lockt,**
where	the	turtledove	lures

voː	zıç	das	ˈgrıl çən	ɛʁ ˈgœtst
wo	**sich**	**das**	**Grillchen**	**ergötzt,**
where	itself	the	little cricket	enjoys

vɛlç	ae̯n	grɑːp	ıst	hiːʁ	das	ˈa lə	ˈgœ təʁ
welch	**ein**	**Grab**	**ist**	**hier,**	**das**	**alle**	**Götter**
what (kind of)	a	grave	is	here	which	all	gods

mıt	ˈleː bən	ʃøːn	bə ˈpflantst	ʊnt	gə ˈtsiːrt
mit	**Leben**	**schön**	**bepflanzt**	**und**	**geziert?**
with	life	beautifully	planted	and	adorned

ɛs	ıst	a ˈnɑː kre ɔns	ruː
Es	**ist**	**Anakreons**	**Ruh.**
it	is	Anacreon's	repose

ˈfryː lıŋ	ˈzɔ mər	ʊnt	hɛrpst	gə ˈnɔs
Frühling,	**Sommer**	**und**	**Herbst**	**genoß**
spring	summer	and	autumn	enjoyed

deːʁ	ˈglʏk lı çə	ˈdıç təʁ
der	**glückliche**	**Dichter;**
the	happy	poet

foːʁ	dem	ˈvın təʁ	hat	iːn	ˈɛnt lıç	deːʁ	ˈhyː gəl	gə ˈʃʏtst
vor	**dem**	**Winter**	**hat**	**ihn**	**endlich**	**der**	**Hügel**	**geschützt.**
before	the	winter	has	him	finally	the	hill	protected

Auch kleine Dinge

music: Hugo Wolf
text: Anonymous Italian

a͡oχ	ˈkla͡e nə	ˈdɪ ŋə	ˈkœ nən	ʊns	ɛnt ˈtsʏ kən
Auch	**kleine**	**Dinge**	**können**	**uns**	**entzücken,**
even	small	things	are able	us	to delight

a͡oχ	ˈkla͡e nə	ˈdɪ ŋə	ˈkœ nən	ˈtɔ͡ø əʁ	za͡en
auch	**kleine**	**Dinge**	**können**	**teuer**	**sein.**
even	small	things	are able	precious	to be

bə ˈdɛŋkt	viː	gɛrn	viːʁ	ʊns	mɪt	ˈpɛr lən	ˈʃmʏ kən
Bedenkt,	**wie**	**gern**	**wir**	**uns**	**mit**	**Perlen**	**schmücken;**
consider	how	gladly	we	ourselves	with	pearls	bedeck

ziː	ˈveːr dən	ʃveːʁ	bə ˈtsaːlt	ʊnt	zɪnt	nuːʁ	kla͡en
sie	**werden**	**schwer**	**bezahlt**	**und**	**sind**	**nur**	**klein.**
they	are	heavily	paid for	and	are	only	small

bə ˈdɛŋkt	viː	kla͡en	ɪst	diː	o ˈliː vən ˌfrʊχt
Bedenkt,	**wie**	**klein**	**ist**	**die**	**Olivenfrucht,**
consider	how	small	is	the	fruit of olive

ʊnt	vɪrt	ʊm	ˈiː rə	ˈgyː tə	dɔχ	gə ˈzuːχt
und	**wird**	**um**	**ihre**	**Güte**	**doch**	**gesucht.**
and	is	for	its	goodness	yet	sought

dɛŋkt	an	diː	ˈroː zə	nuːʁ	viː	kla͡en	ziː	ɪst
Denkt	**an**	**die**	**Rose**	**nur,**	**wie**	**klein**	**sie**	**ist,**
think	of	the	rose	only	how	small	it	is

ʊnt	ˈdʊf tət	dɔχ	zoː	ˈliːp lɪç	viː	iːʁ	vɪst
und	**duftet**	**doch**	**so**	**lieblich,**	**wie**	**ihr**	**wißt.**
and	smells	yet	so	sweet	as	you	know

Auf ein altes Bild

music: Hugo Wolf
text: Eduard Mörike

a͡of	a͡en	ˈal təs	bɪlt
Auf	**ein**	**altes**	**Bild**
in	an	old	painting

ɪn	ˈgryː nər	ˈlant ʃaft	ˈzɔ məʁ ˌfloːr
In	**grüner**	**Landschaft**	**Sommerflor,**
in	of green	landscape	summer bloom

ba͡e	ˈkyː ləm	ˈva səʁ	ʃɪlf	ʊnt	roːr
bei	**kühlem**	**Wasser,**	**Schilf**	**und**	**Rohr,**
by	cool	water	bulrush	and	reed

ʃa͡o	viː	das	ˈknɛ pla͡en	ˈzʏn də loːs
schau,	**wie**	**das**	**Knäblein**	**sündelos**
see	how	the	little boy	sinless

fra͡e	ˈʃpiː lət	a͡of	deːʁ	ˈjʊŋ fra͡o	ʃoːs
frei	**spielet**	**auf**	**der**	**Jungfrau**	**Schoß!**
freely	plays	on	of the	Virgin	lap

ʊnt	dɔrt	ɪm	ˈval də	ˈvɔ nə zaːm
Und	**dort**	**im**	**Walde**	**wonnesam,**
and	there	in the	forest	blissfully

aχ	ˈgryː nət	ʃoːn	dɛs	ˈkrɔ͡ø tsəs	ʃtam
ach,	**grünet**	**schon**	**des**	**Kreuzes**	**Stamm!**
alas	grows	already	of the	Cross	trunk

Der Musikant
music: Hugo Wolf
text: Joseph von Eichendorff

deːʁ	muː ziː	ˈkant
Der	**Musikant**	
the	musician	

ˈwan dəʁn	liː bɪç	fyːʁ	ma͡en	ˈleː bən
Wandern	**lieb ich**	**für**	**mein**	**Leben,**
to roam	love I	for	my	life

ˈleː bə	ˈeː bən	viː	ɪç	kan
lebe	**eben,**	**wie**	**ich**	**kann,**
(I) live	just	as	I	can

vɔlt	ɪç	miːʁ	a͡oχ	ˈmyː ə	ˈgeː bən
wollt	**ich**	**mir**	**auch**	**Mühe**	**geben,**
wanted	I	to me	even	toil	to give

past	ɛs	miːʁ	dɔχ	gaːr nɪçt	an
passt	**es**	**mir**	**doch**	**garnicht**	**an.**
suits	it	to me	however	not at all	— [anpassen = to suit; a separable verb]

ˈʃøː nə	ˈal tə	ˈliː dəʁ	va͡es	ɪç
Schöne	**alte**	**Lieder**	**weiß**	**ich;**
beautiful	old	songs	know	I

ɪn	deːʁ	ˈkɛl tə	ˈoː nə	ʃuː
in	**der**	**Kälte,**	**ohne**	**Schuh,**
in	the	cold	without	shoes

ˈdra͡o sən	ɪn	diː	ˈza͡e tən	ra͡es	ɪç
draußen	**in**	**die**	**Saiten**	**reiß**	**ich,**
outdoors	into	the	strings	tear	I

va͡es	nɪçt	voː	ɪç	ˈaː bənts	ruː
weiß	**nicht,**	**wo**	**ich**	**abends**	**ruh!**
(I) know	not	where	I	at evening	rest

ˈman çə	ˈʃøː nə	maχt	voːl	ˈa͡o gən
Manche	**Schöne**	**macht**	**wohl**	**Augen,**
many a	beautiful girl	makes	indeed	eyes

ma͡e nət	ɪç	gə ˈfiːl	iːʁ	zeːʁ
meinet,	**ich**	**gefiel**	**ihr**	**sehr,**
thinks	I	was pleasing	to her	very

vɛn	ɪç	nuːʁ	vas	ˈvɔl tə	ˈta͡o gən
wenn	**ich**	**nur**	**was**	**wollte**	**taugen,**
if	I	only	something	wanted	to be worth

zoː	a͡en	ˈar məʁ	lʊmp	nɪçt	wɛːr
so	**ein**	**armer**	**Lump**	**nicht**	**wär.**
such	a	poor	rascal	not	I were

maːk	diːʁ	gɔt	a͡en:n	man	bə ˈʃeː rən
Mag	**dir**	**Gott**	**ein'n**	**Mann**	**bescheren,**
may	to you	God	a	man	bestow

voːl	mɪt	ha͡os	ʊnt	hoːf	fɛʁ ˈzeːn
wohl	**mit**	**Haus**	**und**	**Hof**	**versehn!**
well	with	house	and	home	to provide

vɛn	viːr	tsva͡e	tsu ˈza mən	ˈvɛː rən
Wenn	**wir**	**zwei**	**zusammen**	**wären,**
if	we	two	together	were

mœçt	ma͡en	ˈzɪ ŋən	miːʁ	fɛʁ ˈgeːn
möcht	**mein**	**Singen**	**mir**	**vergehn.**
might	my	singing	from me	waste away

In dem Schatten meiner Locken

music: Hugo Wolf
text: Anonymous Spanish

ɪn	dem	ˈʃa tən	ˈmae͡ nɐ	ˈlɔ kən
In	**dem**	**Schatten**	**meiner**	**Locken**
in	the	shadow	of my	curls

ʃliːf	miːʁ	mae͡n	gə ˈliːp təʁ	ae͡n
schlief	**mir**	**mein**	**Geliebter**	**ein.**
asleep	to me	my	beloved one	fell

vɛk	ɪç	iːn	nuːn	ao͡f	aχ	nae͡n
Weck'	**ich**	**ihn**	**nun**	**auf?**	**Ach,**	**nein!**
wake	I	him	now	up	ah	no

ˈzɔrk lɪç	ʃtrɛːlt	ɪç	ˈmae͡ nə	ˈkrao͡ zən
Sorglich	**strählt'**	**ich**	**meine**	**krausen**
carefully	combed	I	my	ruffled

ˈlɔ kən	ˈtɛːk lɪç	ɪn	deːʁ	ˈfryː ə
Locken	**täglich**	**in**	**der**	**Frühe,**
curls	daily	in	the	morning

dɔχ	ʊm ˈzɔnst	ɪst	ˈmae͡ nə	ˈmyː ə
doch	**umsonst**	**ist**	**meine**	**Mühe,**
but	in vain	is	my	effort

vae͡l	diː	ˈvɪn də	ziː	tsɛʁ ˈzao͡ zən
weil	**die**	**Winde**	**sie**	**zersausen.**
because	the	winds	them	blow asunder

ˈlɔ kən ˌʃa tən	ˈvɪn dəs ˌzao͡ zən
Lockenschatten,	**Windessausen**
shadow of curls	blowing of wind

ˈʃlɛː fɐ tən	den	ˈliːp stən	ae͡n
schläferten	**den**	**Liebsten**	**ein.**
lull to sleep	the	dearest	— [einschläfern = to lull to sleep; a separable verb]

vɛk	ɪç	iːn	nuːn	ao͡f	aχ	nae͡n
Weck'	**ich**	**ihn**	**nun**	**auf?**	**Ach,**	**nein!**
wake	I	him	now	up	ah	no

ˈhøː rən	mʊs	ɪç	viː	iːn	ˈgrɛː mə
Hören	**muss**	**ich,**	**wie**	**ihn**	**gräme,**
listen to	must	I	how	him	it grieves

das	eːʁ	ˈʃmaχ tət	ʃoːn	zoː	ˈla ŋə
dass	**er**	**schmachtet**	**schon**	**so**	**lange,**
that	he	pines	already	so	long

das	iːm	ˈleː bən	geːp	ʊnt	ˈneː mə
dass	**ihm**	**Leben**	**geb**	**und**	**nehme**
that	to him	life	gives	and	takes away

ˈdiː zə	ˈmae͡ nə	ˈbrao͡ nə	ˈva ŋə
diese	**meine**	**braune**	**Wange.**
this	my	tawny	cheek

ʊnt	eːʁ	nɛnt	mɪç	ˈzae͡ nə	ˈʃla ŋə
Und	**er**	**nennt**	**mich**	**seine**	**Schlange,**
and	he	calls	me	his	serpent

ʊnt	dɔχ	ʃliːf	eːr	ˈbae͡	miːr	ae͡n
und	**doch**	**schlief**	**er**	**bei**	**mir**	**ein.**
and	yet	asleep	he	by	me	fell

vɛk	ɪç	iːn	nuːn	a͡of	aχ	na͡en
Weck'	**ich**	**ihn**	**nun**	**auf?**	**Ach,**	**nein!**
wake	I	him	now	up	ah	no

Lebe wohl

music: Hugo Wolf
text: Eduard Mörike

ˈleː bə	voːl	duː	ˈfyː ləst	nɪçt
»Lebe	**wohl!«**	**Du**	**fühlest**	**nicht,**
live	well	you	feel	not

vas	ɛs	ha͡est	diːs	vɔrt	deːʁ	ˈʃmɛr tsən
was	**es**	**heißt,**	**dies**	**Wort**	**der**	**Schmerzen;**
what	it	means	this	word	of	pains

mɪt	gə ˈtroː stəm	ˈan gə zɪçt
mit	**getrostem**	**Angesicht**
with	cheerful	countenance

ˈzaːk təst	duːs	ʊnt	ˈla͡eç təm	ˈhɛr tsən
sagtest	**du's**	**und**	**leichtem**	**Herzen.**
said	you it	and	(with) light	heart

ˈleː bə	voːl	aχ	ˈta͡o zənt ˌmaːl
»Lebe	**wohl!«**	**Ach,**	**tausendmal**
live	well	ah	thousand times

haː bɪç	miːʁ	ɛs	ˈvoːʁ gə ˌʃprɔ χən
hab' ich	**mir**	**es**	**vorgesprochen,**
have I	to myself	it	in anticipation spoken

ʊnt	ɪn	ˈnɪ məʁ ˌza təʁ	kvaːl
und	**in**	**nimmersatter**	**Qual**
and	in	insatiable	torment

miːʁ	das	hɛrts	da ˈmɪt	gə ˈbrɔ χən
mir	**das**	**Herz**	**damit**	**gebrochen!**
to me	the	heart	with it	broken

Verborgenheit

music: Hugo Wolf
text: Eduard Mörike

vɛʁ 'bɔr gən ˌha͡et
Verborgenheit
seclusion

las	o	vɛlt	o	las	mɪç	za͡en
Lass,	**o**	**Welt,**	**o**	**lass**	**mich**	**sein!**
let	o	world	o	let	me	be

'lɔ kət	nɪçt	mɪt	'li: bəs ˌga: bən
Locket	**nicht**	**mit**	**Liebesgaben,**
tempt	not	with	of love-offerings

last	di:s	hɛrts	a 'la͡e nə	'ha: bən
lasst	**dies**	**Herz**	**alleine**	**haben**
leave	this	heart	alone	to have

'za͡e nə	'vɔ nə	'za͡e nə	pa͡en
seine	**Wonne,**	**seine**	**Pein!**
its	rapture	its	pain

vas	ɪç	'tra͡o rə	va͡es	ɪç	nɪçt
Was	**ich**	**traure,**	**weiß**	**ich**	**nicht,**
what	I	grieve for	know	I	not

ɛs	ɪst	'ʊn bə ˌkan təs	've: ə
es	**ist**	**unbekanntes**	**Wehe;**
it	is	unknown	misery

'ɪ məʁ ˌda:r	dʊrç	'trɛ: nən	'ze: ə
immerdar	**durch**	**Tränen**	**sehe**
always	through	tears	see

ɪç	de:ʁ	'zɔ nə	'li: bəs	lɪçt
ich	**der**	**Sonne**	**liebes**	**Licht.**
I	of the	sun	dear	light

ɔft	bɪn	ɪç	mi:ʁ	ka͡om	bə 'vʊst
Oft	**bin**	**ich**	**mir**	**kaum**	**bewusst,**
often	am	I	of me	scarcely	aware

ʊnt	di:	'hɛ lə	'frɔ͡ø də	'tsʏ kət
und	**die**	**helle**	**Freude**	**zücket**
and	the	bright	joy	moves

dʊrç	di:	'ʃve: rə	zo:	mɪç	'drʏ kət
durch	**die**	**Schwere,**	**so**	**mich**	**drücket,**
through	the	heaviness	(which) thus	to me	oppresses

'vɔ nɪk lɪç	ɪn	'ma͡e nəʁ	brʊst
wonniglich	**in**	**meiner**	**Brust.**
blissfully	into	my	breast

las	o	vɛlt	o	las	mɪç	za͡en
Lass,	**o**	**Welt,**	**o**	**lass**	**mich**	**sein!**
let	o	world	o	let	me	be

'lɔ kət	nɪçt	mɪt	'li: bəs ˌga: bən
Locket	**nicht**	**mit**	**Liebesgaben,**
tempt	not	with	of love-offerings

last	di:s	hɛrts	a 'la͡e nə	'ha: bən
lasst	**dies**	**Herz**	**alleine**	**haben**
leave	this	heart	alone	to have

'za͡e nə	'vɔ nə	'za͡e nə	pa͡en
seine	**Wonne,**	**seine**	**Pein!**
its	rapture	its	pain